갈릴레오 아저씨네
비밀 천문대

교과연계

5-1 국어 ㉮	1. 인물의 말과 행동
5-1 과학	2. 태양계와 별
6-1 과학	1. 지구와 달의 운동
6-1 과학	3. 렌즈의 이용

갈릴레오 아저씨네 비밀 천문대

김용세 글 | 정진희 그림 | 박상우 감수

주니어김영사

작가의 말

우주를 향한 집요함으로
천문학의 전설이 된 학자

맑은 날, 도시를 벗어나 깊은 산골에 가 본 적이 있나요? 투명한 공기 위로 펼쳐진 까만 밤하늘과 쏟아질 듯 밝게 빛나는 수많은 별들을 보며 넋을 잃지는 않았나요? 많은 사람들은 그 별들을 보며 이렇게 말합니다. "아름답다! 참 밝다! 예쁘다!"라고요.

그런데 이렇게 생각하는 보통 사람들과 좀 다른 생각을 하는 사람이 있었어요. 바로 이탈리아에서 태어난 갈릴레오 갈릴레이였어요. 갈릴레오는 안경 장수가 그의 조수와 함께 개발한 망원경을 좀 더 발전시켜 천체 망원경을 만들었어요. 그리고 천체 망원경으로 별들의 아름다움을 관찰하는 데 그치지 않았어요. 그 별들의 움직임을 통해 우리가 알 수 있는 것은 무엇인지, 또 그것으로 사람들이 더 나은 삶을 살 수 있게 하는 방법은 무엇인지 생각했어요.

천체 망원경으로 밤하늘의 무수한 별들을 관찰하던 갈릴레오는 달의 표면이 어떤지 보게 되었고, 또 목성의 주위를 돌고 있는 위성도 발견했어요. 그 발견은 당시의 사람들이 믿고 있던 천동설을 깨뜨리는 일과 같았어요. 하지만 갈릴레오는 꾸준히 관찰해서 지구가 태양의 주위를 돌고 있다는 지동설을 증명했지요. 물론 당시에는 종교적인 이유로 그의 주장이 인정받지 못하고 탄압을 받았지만, 훗날 교황청과 많은 사람들은 갈릴레오가 주장한 이론이 진리라는 것을 인정하게 되었지요.

한 시대를 들썩이게 한 이론을 증명한 갈릴레오가 만약 오늘날 우리 옆에 살고 있다면 어떤 모습일까요? 이 책의 주인공 지욱이는 왕따와 학교 폭력 문제로 괴로움을 겪다가 갈릴레오 아저씨를 만납니다. 지욱이는 갈릴레오 아저씨에게 태양계에서 가장 밝게 빛나는 항성인 태양, 태양 주위를 돌고 있는 행성, 행성의 주위를 도는 위성까지, 우주에 있는 천체들은 모두 우열을 가릴 수 없는 소중한 존재들이라는 사실을 배우지요. 그러고 난 뒤 지욱이와 친구들은 어떻게 달라졌을까요?

2017년 3월 김용세

차례

사라진 지욱이
• 수학은 과학의 열쇠이자 문이다 • 8

피사 대성당의 흔들리는 램프
• 진폭은 달라도 진자의 1회 왕복 시간은 일정하다 • 30

피사의 사탑을 오르는 사람
• 가벼운 물체와 무거운 물체는 동시에 떨어진다 • 48

안경 장수의 장난감 망원경
• 맨눈으로 볼 때보다 30배 더 크게 볼 수 있는 기구를 만들다 • 62

[ 하늘을 향한 망원경]
• 직접 보고 경험한 것만 믿는다 • 78

[ 지욱이를 만나다]
• 감각이 도움이 되지 않을 때 이성이 작동하기 시작한다 • 92

[ 갈릴레오의 종교 재판]
• 그래도 지구는 돈다 • 106

[ 왕따를 해결하는 공식]
• 태양도 자전을 한다 • 138

근대 과학의 혁명을 이끈 갈릴레오는 어떤 사람일까? 152
독후활동지 166

사라진 지욱이
• 수학은 과학의 열쇠이자 문이다 •

"야, 지우개! 내 실내화 좀 갖다 놔."

학급에서 짱인 중훈이가 지욱이에게 명령을 내렸다.

"아, 알았어."

지우개는 지욱이의 별명이다. 지욱이, 지우기, 지우개, 지우개, 지우개……. 지욱이의 이름은 이렇게 여러 번 바뀌다가 지우개가 되었다.

"야, 한덕대. 오늘은 뭘 먹을래?"

중훈이는 덩치가 산만 한 덕대의 자리에 메뉴판을 내려놓았다. 도화지 위에 학교 앞 가게들의 메뉴를 빽빽하게 붙인, 세상에 하

나뿐인 메뉴판이었다.

"이게 좋겠다."

덕대가 검지로 짚은 건 불타는 떡볶이였다.

"좋아, 오늘은 '불떡' 2인분이다."

송송 분식집에 있는 메뉴 중에서 가장 비싼 음식이 바로 불타는 떡볶이다. 중훈이 옆에 서 있던 지욱이의 표정이 더 어두워졌다.

"중훈아, 나 이번 달 용돈이……."

"없으시다고? 그러시겠지. 나도 알아. 네 용돈 바닥난 거."

"그래? 그럼 불타는……."

"떡볶이 사 주기 전까지 매일 너를 달달 볶아 주지."

중훈이의 험상궂은 표정에 지욱이는 덜덜 떨었다.

"흐흐흐, 달달 떨게 만들어 줄 거야."

덕대도 중훈이의 말에 맞장구를 쳤다.

그 소리를 들은 지욱이의 얼굴은 더욱 새파래졌다.

"볶이기 싫으면 엄마한테 용돈 더 올려 달라고 떼를 써 봐. 그것도 안 되면 엄마나 아빠 지갑이라도……."

"그, 그건 안 돼!"

지욱이 목소리가 애절하게 울렸다. 어느새 지욱이의 이마에는 땀방울이 송골송골 맺혀 있었다.

"그럼 할 수 없지. 오늘 밤 12시에 체육 공원 뒷산으로 나와. '안 돼!'라고 말한 대가를 치르게 해 줄 테니. 올 때 조심해서 와라. 어른들이 눈치채면 그땐 정말……."

중훈이는 주먹을 불끈 쥐어 보였다.

"아, 알았어."

지욱이는 창백한 얼굴로 집으로 갔다. 중훈이와 덕대는 불떡을 사 줄 다른 친구를 찾아 송송 분식집으로 향했다.

집에 돌아온 지욱이는 저녁을 먹는 둥 마는 둥 하고는 자기 방으로 들어갔다. 벽에 걸린 부엉이 시계의 분침이 초침처럼 빠르게 돌아갔다. 창밖엔 벌써 짙은 어둠이 내려앉았고, 가족들도 모두 잠들었다.

이제 지욱이에게 남은 시간은 한 시간이 조금 안 되었다. 지욱이의 마음속에서 두 마음이 끊임없이 싸웠다.

'부모님 지갑에 손을 댈 수는 없어. 하지만 돈이 없으면 중훈이가 또 나를 괴롭힐 텐데. 아니야, 지금까지도 잘 견뎌 왔잖아. 이왕 버틴 거 용돈 받는 날까지만 더 참아 보자. 아니야, 오늘 밤에는 중훈이가 정말 작정하고 나를 괴롭힐 거야. 딱 한 번만 부모님 지갑에서 돈을 꺼내자. 훔치는 건 아니고 나중에 용돈 받아서 다시 채워 두면 되잖아. 안 돼, 그것도 엄연한 도둑질이야. 그래도

어쩔 수 없잖아. 이대로 중훈이를 만나면…….'

지욱이의 두 마음은 서로 합의점을 찾지 못했다. 부엉이 시계는 한시도 쉬지 않고 부지런히 달렸다.

지욱이는 점퍼를 입고 평소에 쓰던 파란색 LA 다저스 야구 모자를 푹 눌러 썼다. 그러고는 부모님 방을 지나 현관으로 나와 소리 없이 운동화를 꿰신었다. 일어서서 옷깃을 여미는데 신발장 위에 놓인 아빠의 지갑이 눈에 들어왔다. 아빠가 신발을 벗고 들어오다 미처 지갑을 챙기지 못한 모양이었다.

지욱이의 마음속에서 다시 싸움이 시작되었다. 하지만 지욱이가 오른손으로 지갑을 움켜쥐는 순간 갈등은 사라졌다. 심장이 더 빨리 뛰기 시작했다. 그 이유가 누군가의 물건을 처음 훔쳐서 그런 것인지, 중훈이에게 돈을 주면 모든 게 해결될 거라는 기대 때문인지 지욱이 자신도 몰랐다.

현관을 나선 지욱이의 발걸음은 빨랐다. 12시가 되기 전에 체육 공원 뒷산에 도착해야 하기 때문이었다. 공원으로 가는 길은 제법 가팔랐다. 숨이 지욱이의 턱밑까지 차올랐다. 숨을 내 쉴 때마다 뿌연 수증기가 까만 밤하늘에 은하수처럼 흩어졌다.

지욱이는 약속 장소에 먼저 도착해 나무 벤치에 앉아 아빠의 지갑을 열어 보았다. 그 안에는 만 원짜리와 오만 원짜리가 꽤 많이 들어 있었다.

지욱이가 올라온 길 쪽에서 귀에 익은 헤비메탈 음악 소리가 들려왔다. 중훈이의 스마트폰에서 울리는 소리였다. 중훈이는 평소에 자신의 위세를 과시하려고 친구들이 잘 듣지 않는 시끄러운 음악을 크게 튼다. 교실이건 공공장소이건 가리지 않고 기분 내키는 대로 아무 데서나 틀어 댄다.

"야, 지우개. 용돈 좀 받아 왔냐?"

중훈이가 스마트폰의 볼륨을 낮추며 물었다.

지욱이는 중훈이에게 다가가 지갑을 열어 보였다.

"우아, 이게 도대체 얼마야?"

덕대가 놀라 입을 다물지 못했다.

"후후, 이제야 지우개가 일을 제대로 하는군."

중훈이가 지갑을 낚아챘다. 그러고는 돈을 막 꺼내려 할 때였다. 갑자기 하늘에서 큰 빛이 번쩍거리더니 아이들 뒤편으로 운석 하나가 떨어졌다. 아이들은 갑작스러운 굉음에 놀라 어찌할 바를 몰랐다. 그러는 사이에 아이들과 더 가까운 곳에 운석이 하나 떨어졌다.

하늘에서는 별똥별들이 이리저리로 마구 퍼지다가 사라졌다.

"중훈아, 여기 있다가 큰일 나겠어."

"그, 그래 덕대야. 어서 튀자!"

얼마나 놀랐는지 중훈이도 말을 더듬었다. 둘은 공포에 질려서 뒤도 돌아보지 않고 산 아래로 내리 달렸다. 한참을 내려와서야 중훈이와 덕대는 마을 어귀에 서서 숨을 헐떡거렸다. 그런데 달려온 길을 돌아보니 지욱이의 모습은 보이지 않았다.

"뭐야? 지우개 녀석, 거기에 남은 거야?"

둘은 약속이나 한 듯 한목소리로 말했다. 그러고는 지욱이와 함께 있던 뒷산을 바라보았다. 그 순간 하늘에서 먼저 떨어진 두 운석보다 훨씬 큰 운석이 빛을 내며 뒷산에 떨어졌다.

"이, 이런……."

"중훈아, 이제 어쩌지?"

덕대의 물음에 중훈이는 잠시 생각을 정리했다.
"잘 들어. 오늘 우리는 지욱이를 만난 일이 없는 거야. 너랑 나는 밤늦도록 PC방에서 놀다가 온 거고. 알았지?"
"아, 알았어."

집으로 향하는 동안 중훈이의 머릿속에는 겁에 질린 지욱이의 모습이 자꾸 떠올랐다. 뒷산에 커다란 운석이 떨어지는 것을 직접 봤기 때문에 지욱이가 어떻게 되었을지는 안 봐도 뻔했다.

그날 밤, 중훈이는 악몽에 시달렸다. 지욱이가 커다란 운석에 깔리는 장면과 벼랑으로 떨어지는 지욱이의 손을 뿌리치는 자신의 모습이 반복되었다. 잠이 깬 후에도 그 기억은 생생했다. 자면서 얼마나 땀을 많이 흘렸는지 중훈이의 옷이 물에 빠진 것처럼 젖어 있었다.

다음 날, 지욱이는 학교에 오지 않았다. 며칠 뒤 지욱이의 부모님이 학교에 찾아와 선생님과 오랫동안 이야기를 나누다가 돌아갔다. 아이들 사이에서는 지욱이가 아빠의 지갑을 가지고 가출을 했다고 소문이 났다. 사실 지욱이 아빠의 지갑은 중훈이의 비밀 금고에 들어 있었다. 중훈이와 덕대는 그 돈을 쓸지 말지 결정하지 못하고 숨겨 두었다.

그 후로 일주일이 더 지났다. 지욱이가 사라진 소식을 듣고 놀랐던 아이들은 다시 원래의 모습으로 돌아갔다. 중훈이와 덕대도 겉으로는 평소와 다름이 없어 보였다. 분식집에서 다른 아이들의 떡볶이를 빼앗아 먹고, 이유 없이 지나가는 아이들의 다리를 걸어 넘어뜨렸다. 하지만 중훈이는 밤마다 악몽에 시달렸다. 꿈속에 여전히 지욱이가 등장했다. 어떤 날은 꿈속에서 지욱이가 자신의 다리를 잡고 놓아 주지 않아 중훈이는 한참 동안 가위에 눌리기도 했다.

지욱이가 사라진 지 열흘이 지난 수요일 오후, 덕대가 배탈이 나서 조퇴를 하는 바람에 중훈이는 혼자 분식집으로 향했다.

지욱이가 사라진 뒤로 중훈이와 덕대의 괴롭힘의 대상은 형석이로 바뀌었는데, 오늘은 형석이가 불떡을 사는 날이었다. 형석이는 불떡 2인분을 주문해서 1인분은 자기가 먹고, 1인분은 중훈이를 주었다. 중훈이는 가장 양념이 많이 베인 새빨간 떡을 하나 집어서 입에 넣었다. 매콤한 맛이 순식간에 퍼지면서 입안이 뜨거워졌다.

"아야!"

형석이가 화장실에 간 사이 누가 뒤에서 중훈이의 뒤통수를 때렸다. 이 동네에서 감히 중훈이의 머리를 때릴 사람은 없었다.

"누구야? 내 머리를 친……."

 중훈이가 화를 내며 뒤를 돌아봤는데, 섬뜩한 모습에 말문이 막혔다. 그 사람은 검은 망토를 머리부터 발끝까지 둘러썼고, 얼굴에는 콧수염과 턱수염이 더부룩했다. 눈빛이 매우 험상궂어서 마치 저승사자와 나쁜 주술을 부리는 마법사를 합쳐 놓은 모습이었다.

 "오늘 밤 12시에 체육 공원 뒷산, 사진 속의 장소로 와! 만일 오지 않으면 이 사진을 온 세상에 퍼뜨리마."

 아저씨의 말을 들은 중훈이는 소스라치게 놀랐다. 하지만 곧 마음을 추스르며 떨리는 손으로 사진을 보았다.

 '이, 이럴 수가!'

 사진 속에는 지갑을 들고 있는 중훈이와 바로 맞은편에 주눅 든 모습으로 서 있는 지욱이가 선명하게 담겨 있었다. 중훈이는 누가 볼까 봐 황급히 사진을 가렸다. 주위를 둘러보니 다행히 사진을 본 사람은 없어 보였다. 그리고 수상한 아저씨도 보이지 않았다. 중훈이의 심장은 크게 요동쳤다. 이제 중훈이에게 선택의 여지는 없었다.

 집에 돌아온 중훈이는 곧장 방으로 들어가 덕대에게 전화를 걸었다. 덕대는 아직 배탈이 멎지 않아 함께 가기가 어려울 것 같다고 했다. 어느새 저녁 6시가 다 되어 갔다. 탁상시계의 초침은 째깍째깍 소리를 내며 쉬지 않고 빠르게 달렸다. 약속 시간이 다가올수록 중훈이는 점점 두려움에 휩싸였다. 학교 짱 중훈이에게 이런 기분은 처음이었다.

 '그날, 지욱이 마음이 이랬을까?'

 그때 덕대가 메시지을 보냈다.

　종훈이는 덕대가 함께 갈 수 있어서 마음이 한결 나았다. 종훈이는 덕대와 체육 공원 입구에서 11시 50분에 만나기로 약속했다. 중훈이는 아저씨가 준 사진을 지갑이 든 비밀 금고 속에 넣고 자물쇠로 잠갔다.

　공원에 도착하니 덕대가 미리 나와 있었다. 백지장도 맞들면 낫다는 속담이 이렇게 마음에 와 닿은 적은 처음이었다.

　둘은 지욱이와 마지막으로 만났던 장소로 발걸음을 옮겼다.

　"지욱이 녀석, 살아 있을까?"

　"……."

　덕대의 질문에 중훈이는 아무런 대꾸도 하지 않았다.

　"어? 저기 불빛이 있어."

　덕대가 운석을 가리켰다.

　그날 떨어진 커다란 운석에서 신기하게 빛이 났다. 운석 옆에는 낯선 건물이 하나 있었다. 건물에는 문도 있고 간판도 달려 있었다.
"비밀 천문대?"
두 아이가 동시에 외치자 낮에 중훈이에게 사진을 건넨 아저씨가 문을 열고 나타났다. 다시 보니 아저씨는 더 무서웠다.
"아, 안녕하세요?"
중훈이와 덕대는 떨리는 목소리로 인사하며 아저씨의 눈치를 살폈다.
"그렇게 겁먹을 필요는 없다. 너희들을 부른 이유는 너희 친구의 부탁 때문이니까."
"친구라고요? 그럼……."
"지욱이가 살아 있나요?"
덕대가 중훈이의 말을 자르며 끼어들었다.
"그럼 지욱이가 죽기라도 바랐냐?"
아저씨가 핀잔 섞인 말투로 말했다.

"그, 그럴 리가요."

중훈이는 지욱이가 살아 있다는 소식에 안심이 되어 가슴을 쓸어내렸다.

"지욱이는 잘 지내고 있어."

"다행이네요."

덕대도 안도의 한숨을 내쉬며 말했다.

"그런데 이 사진은 어떻게……?"

"이곳에 착륙할 때 찍었지."

"그, 그럼 혹시 아저씨는 외, 외계인?"

덕대가 잔뜩 겁에 질린 표정을 지었다.

"푸하하하! 이렇게 멋지게 생긴 외계인이 있겠니?"

아저씨의 말에 아이들은 아저씨를 위아래로 훑어보았다.

"촌스러운 걸로 봐서는 지구인인데!"

"그러게."

"이놈들이!"

아저씨는 중훈이와 덕대에게 주먹으로 꿀밤을 한 대씩 먹이는 시늉을 했다.

"아, 알았어요. 지구인이 맞으시네요."

덕대가 아저씨의 주먹을 피하며 대답했다.

"혹시 지욱이가 저희들을 혼내 주라고 했나요?"

중훈이의 말에 아저씨는 고개를 가로젓고는 대답했다.

"너희들이 잘 알다시피 지욱이는 학교에서 왕따였어. 게다가 너희 둘에게 날마다 괴롭힘을 당하느라 하루하루가 지옥 같았지."

중훈이와 덕대는 고개를 푹 숙였다.

"지난 며칠 간 난 지욱이와 진솔한 이야기를 나누었단다."

"그, 그래요?"

"지욱이는 너희들이 한 말을 가슴속에 담고 있었어. 너희들이 지욱이에게 심부름을 시키거나 돈을 빼앗기 위해 했던 말들 때문에 지욱이는 여러 번 죽고 싶은 마음이 들었다는구나."

중훈이는 속으로 뜨끔했다.

"너희들이 했던 그 말들이 지욱이를 끊임없이 괴롭히고 있을 거라는 생각을 해 본 적이 있니?"

"그 정도일 줄은 몰랐어요."

"장난으로 한 말인데요."

"지욱이는 너희들의 말을 곧이곧대로 받아들였던 거야."

"그럼, 제가 장난으로 한 말들도 지욱이는……."

"물론이지. 너희들에게는 별 의미 없는 말일지 몰라도 당하는 사람에게 큰 공포를 느끼게 할 수 있단다."

중훈이는 자기가 생각 없이 지욱이에게 툭툭 던진 말들을 떠올려 보았다.

'지욱이가 그걸 그대로 받아들였다니…….'

둘은 미안한 마음에 지욱이를 빨리 만나서 사과하고 싶었다.

"그래도 지욱이가 너희들을 친구로 생각하고 있어서 다행이야."

"정말요?"

덕대가 고개를 번쩍 들며 물었다.

중훈이는 어떤 말이 지욱이가 자기와 덕대를 친구로 생각하게 했는지 잠시 생각해 보았다. 하지만 지욱이에게 좋은 말을 한 기억이 전혀 떠오르지 않았다.

"아저씨, 지욱이는 지금 어디에 있나요?"

중훈이는 지욱이를 빨리 만나고 싶었다.

"지욱이는 지금 다른 세계로 시간 여행을 떠났어. 앞으로 자기처럼 따돌림 당하는 친구들이 왕따가 되지 않는 멋진 공식을 찾으러 말이야. 하지만 지욱이가 시간 여행을 하고 다시 돌아올 수 있는지는 보장할 수는 없어."

"그게 무슨 말씀인가요?"

"다른 세계는 시간과 공간만 바뀌었지 모든 물리적인 상황들이 현실과 같거든."

"그 말씀은 혹시 지욱이에게 사고가 나거나 문제가 생기면 다시 돌아오지 못할 수도 있다는 말이에요?"

"그래, 지욱이의 신상에 문제만 없다면 내가 준 천체 시계의 버튼을 누르고 다시 이곳으로 올 수 있지만, 그럴 수 없는 상황이 생기기라도 한다면……."

"그, 그럴 리는 없을 거예요!"

중훈이는 떨리는 목소리로 말했다.

"아저씨, 저희도 지욱이를 만나서 함께 그 공식을 찾고 싶어요."

"저도요."

중훈이와 덕대가 다른 세계로 가고 싶다고 말했다.

"음, 너희들의 뜻이 정 그렇다면 가게 해 주지. 하지만 너희들의 안전 역시 내가 보장해 줄 수는 없단다. 그래도 가겠니?"

"물론이죠. 지욱이는 저희들의 친구인 걸요."

중훈이의 말에 아저씨는 흐뭇한 미소를 지었다.

덕대는 비밀 천문대의 문에서 '**수학은 과학의 열쇠이자 문이다.**'라는 문구를 발견했다.

"아저씨, 저 말이 무슨 뜻이에요?"

덕대가 문구를 손으로 가리켰다.

"좋은 질문이구나. 사실 우리의 주변을 채우고 있는 공기, 발을

디딜 수 있도록 해주는 땅, 생물들이 살아가는 데 꼭 필요한 물 등 모든 자연은 수학으로 나타낼 수 있단다. 너희가 좋아하는 불떡을 맛있게 만드는 재료의 비율도, 뒷동산에 오르기 위해 필요한 힘을 구하는 것도, 또 내가 비밀 천문대를 타고 이곳에 나타난 것도 모두 수학의 힘 없이는 불가능한 일들이야."

"그 말씀은 과학적인 현상들을 증명하려면 수학이 꼭 필요하다는 말씀이네요?"

중훈이가 진지한 표정으로 말했다.

"그렇지, 바로 수학은 과학의 문제를 해결하는 열쇠이자 문이란다."

아저씨는 비밀 천문대 안으로 아이들을 이끌었다.

문을 열고 들어서니 천정은 밤하늘의 별들로 빛났다. 다양한 모양과 크기의 천체 망원경이 하늘을 향해 있었고, 그 옆에는 두껍고 큰 렌즈들이 크기별로 놓여 있었다. 넓은 책상 위에는 추가 달린 시계와 컴퍼스, 별자리 그림 등 많은 물건들이 가득했다.

"갈릴레오 갈릴레이?"

책상 위에 있던 노트를 넘기던 중훈이가 노트에 적힌 글씨를 따라 읽었다.

"혹시 이게 아저씨의 이름인가요?"

"그래, 갈릴레오라고도 부르고 갈릴레이라고도 부르지."

"아저씨 이름이 참 재미있네요. 양쪽에서 '갈릴레'를 빼면 '오'와 '이'니까 '오이'가 되는데요?"

"그러고 보니 아저씨 얼굴이 길쭉한 오이를 닮았어요."

덕대의 말에 중훈이가 맞장구를 쳤다.

"네 이 녀석들, 어디 오이 꿀밤 맛 좀 봐라."

갈릴레오 아저씨가 이번엔 진짜로 주먹을 불끈 쥐고 꿀밤을 먹이려고 하자 아이들은 죄송하다며 싹싹 빌었다.

"오늘은 너무 늦었으니 이곳에서 자고 내일 아침 일찍 시간 여행을 떠나자꾸나."

"네, 아저씨!"

비밀 천문대 천정으로 밤하늘의 별들이 반짝거렸다. 중훈이와 덕대는 처음으로 밤하늘에 떠 있는 별들을 보며 잠이 들었다.

피사 대성당의 흔들리는 램프

• 진폭은 달라도 진자의 1회 왕복 시간은 일정하다 •

다음 날, 갈릴레오 아저씨는 둥근 공 모양의 별들이 박혀 있는 시계를 자기의 오른팔에 찼다.

"그게 천체 시계인가요?"

덕대가 뭔가 이상하다는 표정을 지었다.

"응, 이 천체 시계에는 지욱이의 위치가 나온단다. 바로 이 붉은 별을 보면 돼. 지욱이는 지금 내가 처음에 맞추어 준 16세기 말의 이탈리아에 그대로 있구나. 우리도 어서 출발하자꾸나."

"16세기요?"

"그래. 내가 근대 과학의 기반을 다지기 시작한 시기이기도 하

지. 자, 이제 시간의 키를 돌릴 테니 놀라지 말거라."

아저씨가 배의 방향키 같은 핸들을 돌리자 천정에서 별자리들이 제각기 움직이기 시작했다. 커다란 별을 중심으로 작은 별들이 돌고, 그 별들을 중심으로 더 작은 위성들이 돌았다. 지구 위에서는 땅에 가려서 보이지 않던 아래쪽의 별들도 비밀 천문대에서는 모두 볼 수 있었다. 아이들은 마치 지구의 중심에 들어와 있는 기분이 들었다.

"16세기 말의 이탈리아로 출발!"

아저씨가 핸들을 멈추자 별들이 깜박거렸다.

삐삐삐 삐삐삐

비밀 천문대에서 커다란 소리가 나더니 공간이 구부러지기 시작했다. 아저씨와 아이들의 모습도 이지러졌다. 주위가 온통 까맣게 변했고 잠시 후 다시 별들이 어둠 속에서 피어났다. 별들은 잠시 멈춘 듯하더니 천천히 천구를 돌기 시작했다. 별들이 움직이는 속도는 점점 빨라졌다. 어느새 빛은 이동하는 점에서 회전하는 곡선으로 바뀌었다. 그렇게 곡선들이 수도 없이 늘어나 주위를 온통 하얗게 밝혔다.

잠시 후, 아이들은 구부러진 공간이 밝은 공간과 맞닿는 것을 보았다. 너무 밝아 눈을 뜰 수가 없었다.

삐삐삐 삐삐삐

하얀 빛이 사라졌다.

"어서 나가자."

비밀 천문대 안은 어느새 고풍스러운 분위기의 서재로 탈바꿈했다. 망원경도 사라지고 없었고 별자리들도 없었다.

문을 열고 밖으로 나오니 광장에서 사람들이 처음 보는 경기를 하고 있었다. 언뜻 보면 싸움 같기도 하고 축구 경기 같기도 했다.

"어? 저 사람 좀 봐. 코피가 나!"

"정말이네. 반대편 사람은 다리를 많이 다쳤나 봐. 일어나지를 못하네."

"칼치오 스토리코 경기가 있는 날이군."

갈릴레오 아저씨가 아이들의 어깨에 손을 두르며 말했다.

"칼치오 스토리코라고요?"

"이탈리아의 전통 축구 경기지. '칼치오'는 '축구'라는 뜻이고, '스토리코'는 '전통'이라는 뜻이지. 경기의 방법은 미국의 럭비와 비슷해. 하지만 이 경기에는 어느 정도의 폭력이 허용된단다. 물론 급소나 얼굴을 가격하는 것은 금지되어 있지만 매우 거칠고 난폭한 경기야."

"그런 위험한 경기를 왜 하는 거죠?"

중훈이가 갈릴레오 아저씨에게 물었다.

"이탈리아는 12세기 때부터 많은 도시가 자치 도시로 조직되었고, 자치 도시들은 주위의 농촌 지역까지 지배하면서 도시 국가의 모습을 갖추게 되었지. 이러한 이탈리아의 도시 국가는 빅토리아 에마뉘엘 2세에 의해 통일되었는데, 그때까지 전쟁이 끊이지 않았고 지역감정도 컸단다. 그래서 다른 도시 간의 칼치오 스토리코 경기는 단순한 운동 경기가 아니지."

"그럼 경기가 전쟁과 마찬가지였겠군요."

"그래, 특히 역사적으로 감정이 좋지 않은 도시 간의 경기가 열릴 때면 선수는 물론 관객들도 전쟁을 하는 것처럼 감정이 격해졌어."

"그래도 저렇게 피가 나도록 싸우는 건 좀……."

중훈이가 이해가 되지 않는다는 표정을 지었다.

"너희들이 학교에서 떡볶이 한 그릇 먹으려고 친구들을 괴롭히는 건 괜찮고?"

갈릴레오 아저씨의 말을 들은 중훈이는 입이 열 개라도 할 말이 없었다.

"참, 지욱이가 이 근처에 있는 게 맞나요?"

덕대는 지욱이가 걱정이 되었는지 물었다.

"그래, 잘 찾으면 만날 수 있을 거야. 너희들이 지욱이를 찾아 이 여행을 시작한 것처럼 지욱이도 자기가 세운 목표를 향해 도전하고 있을 거야."

아저씨는 천체 시계를 바라보며 말했다. 지욱이가 있는 곳이 붉게 빛나고 있었다.

그때였다.

"옆으로 비켜 주세요."

사람들이 칼치오 경기에서 심하게 다친 선수들을 실어 나르고 있었다. 코뼈가 부러진 사람, 어깨가 탈골된 사람, 이마가 찢어진 사람들이 들것에 실려 나왔다.

'저 사람들은 그래도 의미 있는 싸움을 했으니 나보다 낫네.'

중훈이가 이런 생각을 하고 있을 때였다.

"저기 성당에 들어가는 사람, 지욱이 아니야?"

덕대가 성당 입구를 가리켰다.

갈릴레오 아저씨와 아이들은 황급히 지욱이의 뒷모습을 닮은 아이를 따라 성당으로 들어갔다. 그 아이는 맨 앞에 앉아 있었다. 아저씨와 아이들도 일단 뒤에 앉아서 미사에 참여했다. 사람들은 찬송가를 부르고 인사를 나누었다. 아저씨는 빙그레 웃으며 옆 사람과 인사했다.

　참회 시간이 되자 사람들은 눈을 감았다. 덕대와 중훈이도 사람들을 따라서 눈을 감았다. 그런데 참회를 마치고 눈을 뜨니 뭔가 허전했다.

　"지, 지욱이가……."

　지욱이가 보이지 않았다. 분명히 맨 앞자리에 있었는데, 연기처럼 사라졌다는 표현이 딱 맞는 상황이었다. 덕대와 중훈이는 놀라움을 감출 수가 없었다.

　지욱이를 찾느라 소란스럽게 밖으로 나가기에는 쳐다보는 눈이 너무 많았다. 덕대와 중훈이는 하는 수 없이 계속 앉아 있었다. 지욱이가 어디로 갔는지 모르니 지금 당장 밖으로 나가도 뾰족한 수는 없었다.

성당 안에 있는 사람들은 반듯하게 앉아 엄숙하게 미사를 드렸다. 신부님의 강론이 시작되자 사람들은 귀를 기울였다. 그런데 천주교 신자인 갈릴레오 아저씨는 미사보다 허공을 바라보는 것에 더 집중하고 있었다.

"아저씨, 뭐 하세요?"

중훈이가 갈릴레오 아저씨의 귀에 대고 소곤거렸다.

"쉿, 조용히 해!"

갈릴레오 아저씨는 조용히 하라며 손가락을 입에 가져갔다가 곧바로 자신의 손목에 올렸다.

아저씨가 보고 있는 것은 천정에 매달려 있는 청동 램프였다. 청동 램프의 둥근 테두리에는 작은 램프 여러 개가 같은 간격으로 달려 은은한 빛을 내고 있었다. 가만히 보니 청동 램프는 좌우로 천천히 흔들리고 있었다.

어느덧 설교가 끝나고 성찬이 진행되었다. 많은 사람들이 앞으로 나와 신부님이 나눠 주는 떡을 받아서 입에 넣었다. 마지막 예식이 진행될 때까지 갈릴레오 아저씨는 천정에서 눈을 떼지 않았다. 미사가 끝나고 사람들이 성당 밖으로 나가기 시작하자 갈릴레오 아저씨는 그제야 자리에서 일어섰다.

"좋아, 바로 이거야!"

갈릴레오 아저씨는 오른손으로 무릎을 '탁' 치며 일어섰다.

아이들은 아저씨의 행동을 이해할 수 없었다.

"얘들아, 어서 나가자!"

갈릴레오 아저씨는 아이들에게 밖으로 나가자는 신호를 보냈다. 중훈이와 덕대는 순간 할 말을 잃었다. 아무리 지욱이를 찾으러 들어왔다지만, 미사 시간에 딴짓만 하는 아저씨의 행동이 이해되지 않았기 때문이다.

"오, 놀라운 발견이야!"

밖으로 나온 아저씨는 환한 표정을 지었다.

"놀라운 발견이라니요?"

덕대가 어이가 없다는 표정으로 대답했다.

"미사 시간에 멍 때리고 있어도 신이 벌을 내리지 않는다는 것이오?"

중훈이도 아저씨를 째려보며 퉁명스럽게 답했다.

"여길 보렴!"

갈릴레오 아저씨는 아이들의 말투에 아랑곳하지 않았다. 오히려 당당하고 자신감이 넘쳤다. 아저씨의 손에는 최면술사가 가지고 다니는 것처럼 보이는, 줄이 달린 추가 들려 있었다.

"덕대야, 오른손의 검지와 중지를 모아서 왼손 손목에 얹어 봐."

"이렇게요?"

"그래, 이제 맥박에 맞춰 '하나, 둘, 셋, 넷'을 반복하며 세어 봐."

덕대는 갈릴레오 아저씨가 말한 대로 맥박이 느껴질 때마다 숫자를 세었다.

아저씨는 덕대의 구령에 맞춰 추가 흔들릴 수 있도록 줄의 길이를 조절했다.

"이제 맞는군."

아저씨의 손에 들린 추는 덕대가 세는 숫자에 맞춰 정확하게 좌우로 움직였다. 시간이 지나서 흔들리는 폭이 점점 좁아졌지만, 흔들리는 속도가 덕대의 구령에서 벗어나지 않았다. 정말 신기한 일이었다. 흔들리는 속도가 느려져서 시간이 더 오래 걸릴 것 같았지만 결과는 그렇지 않았다.

"아저씨, 어떻게 이럴 수가 있죠? 분명히 처음에는 빨리 흔들렸고 지금은 훨씬 느리게 흔들리는데, 왕복하는 시간이 덕대의 맥박과 딱 맞네요."

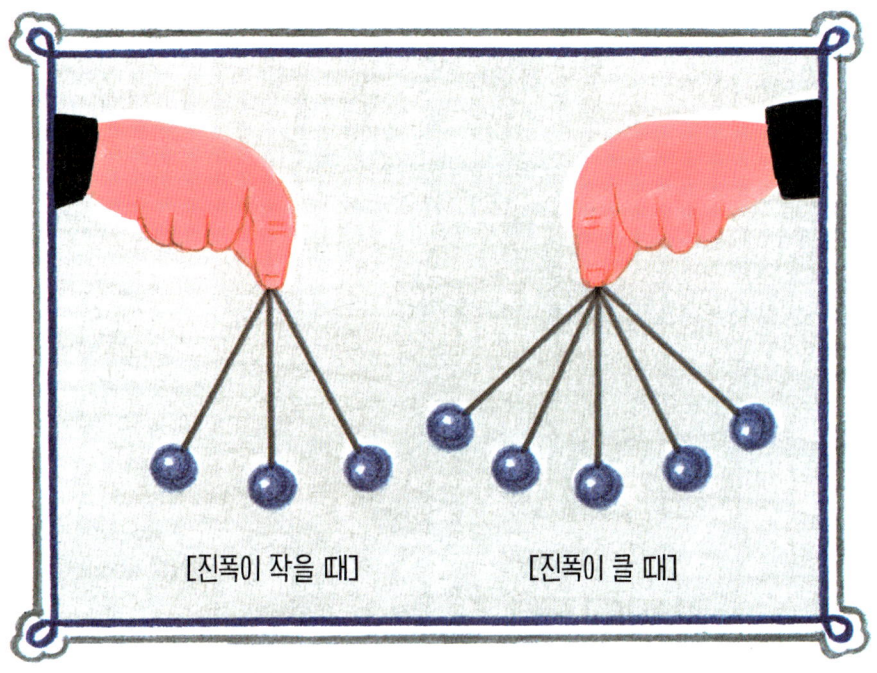

[진폭이 작을 때]　　　[진폭이 클 때]

"그렇지? 이렇게 작은 물체가 어떤 점을 중심으로 일정한 시간 동안 진동하는 것을 진자 운동이라고 한단다."

"저도 해 보고 싶어요."

"좋아, 옆에서 보는 것보다는 직접 해 보는 것이 훨씬 재미있고 이해하는 데 도움이 되지."

중훈이는 아저씨에게 추가 달린 줄을 건네받았다. 중훈이는 길이를 줄여서 흔들어도 보고, 늘여서 흔들어도 보았다.

"줄의 길이가 짧아지면 줄에 달린 추는 더 빠르게 흔들리고, 길어지면 줄에 달린 추는 느리게 흔들리네요."

"그렇지. 추가 흔들리는 시간은 줄의 길이에 따라 일정하게 변한단다."

"다른 건 상관이 없나요? 추의 무게 같은 거요."

"음, 그럼 이걸로 해 보면 답을 알 수 있겠구나."

갈릴레오 아저씨는 현재의 추보다 더 큰 추를 주머니에서 꺼냈다.

"줄의 길이만 전과 같게 하면 되는 건가요?"

"그렇지. 덕대는 먼저 실험했던 추로 진자 운동을 시작하고, 중훈이는 새 추로 진자 운동을 해 보렴."

덕대와 중훈이는 줄의 길이를 똑같게 맞췄다.

"하나, 둘, 셋!"

갈릴레오 아저씨의 신호에 맞춰 덕대와 중훈이는 각각 잡고 있던 추를 놓았다. 두 추는 군대의 행렬처럼 똑같이 진자 운동을 했다.

"우아, 정말 신기하네요."

덕대와 중훈이는 한목소리로 소리쳤다.

"이 과제를 해결하려면 우선 추가 흔들리는 이유를 알아야 해."

갈릴레오 아저씨는 좌우로 움직이는 추를 바라보며 말했다.

"추는 그냥 놓으면 흔들리는 거잖아요."

중훈이가 고민하지 않고 바로 말했다.

"그냥 흔들린다고 생각하면 아무런 해답을 찾을 수가 없어."

"그럼 추가 흔들리는 이유를 과학적으로 설명할 수 있어요?"

"그건 바로 중력 때문이야. 줄의 방향과 중력의 방향이 일치하면 추는 움직이지 않아. 하지만 추를 살짝 밀어 흔들리게 하면 추가 중력과 줄이 당기는 힘에 의해 진자 운동을 하게 된단다."

"그런데 추가 점점 느려지는 것은 무엇 때문인가요?"

덕대가 말했다.

"아주 좋은 질문이구나. 이걸 대리석 바닥에 굴려 봐."

갈릴레오 아저씨는 둥근 쇠구슬을 하나 건넸다.

덕대가 쇠구슬을 굴리자 쇠구슬이 대리석 위를 매우 빠른 속도로 지나 아저씨가 있는 곳에 도착했다.

"이번에는 잔디에서 조금 전과 같은 힘으로 굴려 보렴."

이번에는 덕대가 잔디 위에서 비슷한 힘으로 쇠구슬을 굴렸다. 쇠구슬은 아저씨가 있는 곳까지 가지 못하고 중간에서 멈췄다.

"쇠구슬이 왜 멈췄을까?"

어리둥절해 하는 아이들에게 아저씨가 물었다.

"잔디의 마찰 때문인 것 같아요."

"그래, 맞아. 진자 운동에서도 마찰은 중요하단다. 진자가 운동을 하면서 진폭이 점점 줄어드는데, 이것은 공기 중의 마찰 때문이란다. 참고로 진폭은 추가 흔들리는 범위, 즉 추가 흔들릴 때 중앙에서 양끝까지의 거리를 말하지."

"그럼 아저씨 말씀은 마찰이 없다면 추가 영원히 같은 진폭으로 진자 운동을 한다는 것인가요?"

덕대가 갈릴레오 아저씨에게 물었다.

"물론이지. 이 녀석들, 똑똑하구나. 하지만 그런 현실을 만들기는 매우 어려울 거야."

"그럼 추의 속력이 줄어들었는데, 추가 왕복하는 시간은 왜 일정한 것이죠?"

이번에는 중훈이가 질문했다.

"그건 추의 속력이 느려지는 만큼 추가 움직인 거리가 줄어들어서 한 번 왕복하는 시간이 같은 거야."

"속력이 느려지는 만큼 거리가 줄어드는 게 정말 신기하네요."

"추를 매단 줄의 길이만 같다면 **진폭이 크건 작건 진자가 1회 왕복하는 시간은 일정하다는 말이군요.**"

"그렇지!"

갈릴레오 아저씨는 두 아이의 머리를 쓰다듬었다.

"그나저나 지욱이는 어디로 갔을까요?"

덕대가 진자운동을 하는 추를 바라보며 말했다.

"천체 시계를 보니 지욱이가 아마 이곳에서 멀리 가지는 않은 것 같구나. 내일도 이 근처를 찾아보자."

아저씨는 아이들을 데리고 다시 비밀 천문대로 돌아왔다.

피사의 사탑을 오르는 사람
• 가벼운 물체와 무거운 물체는 동시에 떨어진다 •

아침 일찍 비밀 천문대를 나온 갈릴레오 아저씨와 아이들은 길게 자란 풀들 사이로 난 오솔길을 따라 피사 성당이 있는 잔디 광장으로 갔다. 성당 옆에는 둥근 탑이 한쪽으로 기울어진 채 우뚝 솟아 있었다.

"이 탑 어디에서 많이 본 것 같은데……."

덕대가 머리를 긁적거렸다.

"으이구, 유명한 피사의 사탑이잖아."

"아, 어디서 많이 봤다고 했더니……."

"허허허! 중훈이가 잘 알고 있구나. 이 탑은 12세기에 처음 공사를 시작해서 14세기에 완성을 했단다. 쉽지 않은 공사였지. 탑이 기울어진 게 보이지? 탑의 남쪽 지반이 약해서 탑이 오른쪽으로 점점 기울었는데, 다양한 방법을 써 봤지만 복구시킬 수 없었어. 21세기에도 탑은 조금씩 기울고 있을 거야."

"정말요?"

덕대가 기울어진 탑을 조심스레 살폈다.

"너희들이 살고 있는 21세기에는 보강 공사를 해서 기우는 정도가 줄어들었지만, 지금 16세기 말에는 그렇지 않아."

이 말을 마치고 갈릴레오 아저씨는 양손에 크기가 다른 쇠구슬을 하나씩 들었다. 그러고는 광장 앞에 모여 삼삼오오 이야기를 나누는 사람들 앞으로 걸어갔다.

"여러분, 여기 좀 잠깐 봐 주십시오!"

갈릴레오 아저씨의 목소리가 광장을 울리자 사람들이 모두 쳐다봤다.

"여기, 두 개의 쇠구슬이 있습니다. 파란 구슬이 빨간 구슬보다 두 배 무겁습니다. 이 둘을 저 탑 위에서 떨어뜨리면 어느 것이 먼저 떨어질까요?"

갈릴레오 아저씨의 외침에 사람들은 별 시시한 걸 다 묻는다는 표정을 지었다.

"그거야 당연히 무거운 파란 구슬이 먼저 떨어지고 가벼운 빨간 구슬이 나중에 떨어지지. 나보다 젊은 이가 아직도 그런 걸 모르다니, 쯧쯧쯧."

나이가 지긋한 할아버지가 아저씨를 딱한 표정으로 쳐다보며 혀를 찼다.

"정말 그럴까요?"

"에구, 저 청년이 오늘 뭘 잘못 먹었나?"

할아버지 옆에 있던 다른 아저씨도 갈릴레오 아저씨를 불쌍하게 쳐다보며 말했다. 그 소리에 할아버지는 확신에 찬 표정을 지었다.

"갈릴레오 아저씨, 저기를 보세요!"

그때 중훈이는 피사의 사탑을 오르는 사람을 가리켰다.

"혹시 지욱이가 아닐까?"

중훈이와 덕대는 한달음에 사탑의 입구에 도착했다. 가까이에서 보니 지욱이라고 하기에는 키가 너무 컸다.

잠시 후, 피사의 사탑 꼭대기에 오른 사나이가 양손에 공을 들고 소리쳤다.

"여러분, 저는 네덜란드의 수학자 시몬 스테판입니다! 지금 제 손에는 1파운드짜리 공과 10파운드짜리 공이 있습니다. 아리스토텔레스의 이론에 의하면, 1파운드짜리 공보다 10배가 무거운 10파운드짜리 공이 1파운드짜리 공보다 10배 빨리 떨어져야 합니다. 하지만 장담하건대 지금 제가 이 두 개의 공을 동시에 떨어뜨리면 여러분은 공이 떨어질 때 들리는 '쿵' 소리를 한 번밖에 들을

수 없을 것입니다. 그 이유는 가벼운 물체든 무거운 물체든 낙하하는 속도는 같아서 동시에 떨어지기 때문입니다."

이 말을 마친 스테판은 사람들의 눈이 자신에게 집중되는 것을 확인한 다음 조심스레 두 개의 공을 평평한 바닥에 내려놓았다. 그리고는 동시에 밀어서 떨어뜨렸다. 두 개의 공이 허공을 가르며 대리석 바닥 위로 '쿵' 하고 떨어졌다.

시몬 스테판의 장담처럼 정말 '쿵' 소리는 한 번밖에 나지 않았다. 그동안 사람들이 믿어 왔던 '무거운 물체가 가벼운 물체보다 먼저 떨어진다.'는 아리스토텔레스의 이론이 무너지는 순간이었다. 사람들은 한동안 아무런 말도 하지 않고 그 자리에 서 있었다. 모두 넋이 나간 표정들이었다.

갈릴레오 아저씨는 군중 사이를 비집고 앞으로 나갔다. 그러고는 시몬 스테판에게 박수를 쳤다.

"대단한 실험입니다."

그제야 사람들도 그를 향해 갈채를 퍼붓기 시작했다. 스테판은 뜨거운 갈채를 받으며 탑에서 내려왔다.

두 공이 떨어지는 실험을 직접 보고도 중훈이는 이해가 잘 되지 않았다.

"아저씨!"

"왜 그러냐? 이 역사적인 순간에 말이야."

"가벼운 물체나 무거운 물체나 모두 동시에 떨어지는 게 맞다면 쇠구슬도 깃털과 동시에 떨어지는 걸까요?"

"그럴까?"

갈릴레오 아저씨는 대답 대신 다시 질문을 던졌다.

"모르니까 물었지요."

"궁금하다고 무조건 물어서 알려고 하면 참 지식에 이를 수가 없어. 그 상황을 머릿속으로 그려 보렴. 그러면 새로운 생각이 떠오를 수도 있으니까."

그때 비둘기 한 마리가 날아오르면서 깃털을 하나 떨어뜨렸다.

중훈이는 깃털을 빤히 바라보았다. 깃털은 공중에서 곡예를 하듯 좌우로

나풀거리며 천천히 내려왔다. 바람이 왼쪽으로 불면 깃털도 왼쪽으로 움직였고, 바람이 오른쪽으로 움직이면 깃털도 오른쪽으로 움직였다.

"깃털이 그대로 떨어지지 않고 흔들거리면서 떨어지는 이유는……."

"바람 때문이지. 천하의 소중훈도 별거 아니네."

중훈이가 말을 잇지 못하는 사이 덕대가 비아냥거리듯 말했다.

'바람? 그렇지. 바람의 영향을 받아서 깃털이 천천히 내려오는 거야. 이 말은 깃털이 바람과 마찰이 많이 일어난다는 뜻이고. 그렇다면 깃털이 공보다 늦게 떨어지는 이유는 깃털의 모양 때문…….'

중훈이는 잠시 생각에 잠겼다.

"이제 뭔가 알아낸 표정이구나."

갈릴레오 아저씨가 중훈이의 표정을 읽으며 말했다.

"네. 마찰 때문인 거죠?"

아저씨는 대답 대신 바닥에 떨어져 있는 비둘기의 깃털을 집어 들었다. 그리고 다른 손으로 쇠구슬을 주머니에서 꺼냈다.

"자, 이 깃털을 손으로 들고 흔들어 봐."

중훈이는 깃털을 건네받아 공중에 마구 흔들어 댔다.

[공기의 저항이 있는 상태에서 쇠공과 깃털을 떨어뜨릴 때]

"느낌이 어때?"

"깃털이 공기에 날리는 느낌이 있어요."

아저씨는 쇠구슬을 내밀었다.

"이번에는 쇠구슬을 손으로 들고 흔들어 보렴."

중훈이는 아저씨의 말대로 쇠구슬을 들고 위아래, 양옆으로 마구 흔들었다.

"느낌이 어때?"

"그냥 쇠구슬을 흔드는 느낌밖에 없어요."

"아무리 흔들어도 공기가 쇠구슬을 못 가게 막는 느낌은 거의 없지?"

"네."

"깃털은 무게에 비해 표면적이 넓어서 공기와 마찰을 크게 일으키고, 쇠구슬은 무게에 비해 표면적이 작아서 공기와 마찰을 별로 일으키지 않는단다."

"그럼 새들이 날갯짓하지 않았는데 하늘을 활공하는 원리도 그것과 관계가 있겠군요."

중훈이는 비둘기가 하늘을 나는 모습을 떠올렸다.

"그렇지. 새의 깃털은 얇고 가는 섬유들이 퍼져 있는 모양을 하고 있어서 새가 날개를 펼칠 때 공기의 저항을 받기에 좋은 조건이 되지."

"그럼 새들의 날갯짓은 아래로 잡아당기는 중력을 벗어나려고 하는 저항이라고 볼 수도 있겠네요."

"그래. 새들의 날갯짓 한 번 한 번이 새들을 더 높이 오를 수 있게 해 주는 거야."

[진공 상태에서 쇠공과 깃털을 떨어뜨릴 때]

갈릴레오 아저씨의 설명을 들은 중훈이는 하늘을 바라보며 말했다.

"지욱이도 왕따가 없는 세상을 위해 새처럼 날갯짓을 하고 있겠죠?"

"어쩌면 지욱이는 자기가 목표한 것을 다 이루고 당당하게 우리를 만나려 하는지도 모르지."

갈릴레오 아저씨의 말에 중훈이는 당당한 모습의 지욱이를 떠올렸다.

아저씨와 아이들은 다시 비밀 천문대로 돌아왔다. 의자에 앉은 중훈이는 쇠구슬과 깃털에 대한 궁금증이 생겨 머릿속으로 상상의 실험을 하고 있었다.

"중훈아, 무슨 문제라도 있는 거니?"

중훈이의 표정을 읽었는지 아저씨가 물었다.

"만일 마찰이 없는 환경을 만들 수 있다면, 쇠구슬과 깃털이 동시에 땅에 떨어질까요?"

"물론이지. 쇠구슬과 깃털이 떨어질 때 공기와 마찰이 없으려면 실험하는 공간에 공기가 없어야 하지. 그런 상태를 진공이라고 한단다."

"공기가 없다면 쇠구슬과 깃털의 표면적은 아무런 의미가 없어지겠네요."

"그래, 두 물체가 아래로 내려가는 데 방해하는 요소가 하나도 없기 때문에 떨어지는 시간이 다를 이유가 없는 것이지. 즉, 진공 상태를 만들 수 있다면 쇠구슬과 깃털은 분명히 동시에 떨어질 거야. 그 두 물체에 작용하는 힘이 오직 중력 하나뿐일 테니까."

중훈이는 깃털과 쇠구슬이 똑같이 바닥에 떨어지는 상상을 해 보았다. 이상하고 어색하지만 이런 상상을 하는 것이 즐거웠다.

'그럼 구름이 하늘에 떠 있는 이유는 뭘까?'

중훈이는 달을 가린 구름을 가만히 바라보다가 잠이 들었다.

안경 장수의 장난감 망원경

• 맨눈으로 볼 때보다 30배 더 크게 볼 수 있는 기구를 만들다 •

"자, 이제 단 한 개밖에 남지 않았어요! 바로 어제 만든 것이랍니다."

곱슬머리에 안경을 낀 아저씨가 어떤 물건을 팔고 있었다. 그 말을 들은 귀부인들이 안경 장수 주위로 우르르 몰려들었다.

"내가 살 거예요!"

"아니야, 이건 내 거야!"

젊은 아가씨와 나이가 지긋한 중년 부인이 물건의 양쪽을 잡고는 실랑이를 벌였다. 그러다가 그만 그 물건이 반쪽으로 부러지고 말았다.

"어이쿠, 이러면 쓸 수가 없는데."

안경 장수는 울상을 지으며 말했다. 갈릴레오 아저씨와 아이들도 궁금해 가까이 가 보았다.

"아가씨가 더 세게 잡아당겼으니 책임져."

"이걸 왜 제가 책임져요? 부인이 책임지셔야지요."

아가씨와 중년 부인은 서로 잘못을 떠넘겼다.

"뭐야? 겨우 망원경이잖아."

그 광경을 지켜본 덕대가 중훈이의 귀에 대고 속삭였다.

"그러게, 이걸 서로 가지려고 싸우다니."

중훈이도 덕대의 귀에 대고 소곤거렸다.

"너희들은 지금 세계 최초로 망원경을 발명한 사람을 보고 있는 거야."

"그래요?"

"저 안경 장수가 바로 망원경을 발명한 한스 리페르세이야. 이 시대 사람들에게 멀리 있는 사물을 크게 볼 수 있는 망원경은 정말 놀라운 기구거든."

갈릴레오 아저씨와 아이들이 말을 주고받는 사이 안경 장수가 망원경을 빼앗아 들고 말했다.

"두 분이 망가뜨렸으니 책임지세요."

안경 장수도 손해는 볼 수 없었던지 단호히 말했다.

아가씨와 중년 부인은 서로 책임지지 않겠다고 계속 싸웠다.

"그럼, 제가 사겠습니다."

갈릴레오 아저씨는 두 여인의 사이를 비집고 들어가 안경 장수에게 지폐를 건넸다. 고장 난 망원경이 갈릴레오 아저씨의 손에 들어오자 싸움은 그쳤다.

안경 장수는 고맙다는 인사를 몇 번이나 하고 자리를 떠났고, 두 여인은 부끄러웠는지 말없이 사라졌다.

"아저씨, 고장 난 걸 사서 뭘 하게요?"

"나에게 재미있는 생각이 떠올랐어."

갈릴레오 아저씨는 가방에서 공구를 꺼내더니 곧바로 망원경을 수리했다.

"음, 이제 되었군."

망원경으로 주변을 살펴보던 아저씨는 다소 실망한 표정을 지었다.

"왜 그러세요?"

"자, 너희들도 한번 보렴."

덕대가 먼저 망원경으로 산을 바라보았다.

"애걔, 겨우 이 정도야?"

덕대가 실망하며 망원경에서 눈을 뗐다.

"어디, 나도 좀 보자."

이번에는 중훈이가 망원경을 들고 동쪽에 있는 공원을 바라보았다.

"물체가 좀 휘어져 보이지만 그래도 볼 만은 한데? 공원에 있는 분수대도 보이고. 어? 저건……."

"왜 그래?"

중훈이는 망원경을 움직이며 움직이는 사람을 좇았다.

"지, 지욱이 같아."

"나도 볼래."

덕대가 중훈이의 손에서 망원경을 낚아채듯 가져왔다.

"사람이 너무 많아서 누가 지욱이인지 모르겠어."

아이들이 돌아가며 망원경으로 공원을 살폈지만 끝내 지욱이를 찾을 수 없었다. 연거푸 지욱이를 가까운 곳에서 놓치자, 중훈이와 덕대는 괜히 망원경을 원망했다.

"얘들아, 더 크고 선명하게 볼 수 있는 망원경을 만들면 어떻겠니?"

갈릴레오 아저씨가 아이들의 마음을 훤히 들여다보는 것처럼 말했다.

"좋아요!"

중훈이와 덕대는 한목소리로 환호했다.

갈릴레오 아저씨와 아이들은 서둘러 비밀 천문대로 돌아갔다. 비밀 천문대 안에는 렌즈를 연마할 수 있는 장비들이 준비되어 있었다.

"아저씨, 궁금한 게 있는데요!"

덕대가 망원경을 들고 오른쪽 눈으로 렌즈를 바라보며 말했다.

"그래, 그게 뭔데?"

"어떻게 멀리 있는 물체가 가까이 있는 것처럼 보이는 걸까요?"

덕대의 질문에 아저씨는 탁자 위에 놓인 볼록 렌즈를 하나 집어 들었다.

"그걸 알기 위해서는 우선 렌즈들의 특성을 알아야 해."

"렌즈요?"

중훈이도 대화에 끼어들었다.

"그래, 볼록 렌즈는 사물을 크게 볼 수 있도록 해 주지만 볼 수 있는 범위가 작고, 오목 렌즈는 사물을 작게 보도록 하지만 볼 수 있는 범위가 크지."

아저씨는 두 개의 렌즈를 들어 보였다.

"볼록 렌즈가 사물을 크게 보이게 하는 이유는 무엇인가요?"

중훈이가 볼록 렌즈를 받아들며 물었다.

"그건 빛의 굴절 때문이야."

"굴절이오?"

"빛이 꺾이는 현상을 굴절이라고 하는데, 좀 더 자세히 살펴보자꾸나."

갈릴레오 아저씨는 칠판에 그림을 그리며 설명했다.

"아래 그림처럼 빛이 공기 중에서 유리로 비스듬하게 통과하게 되면 빛의 진행 방향이 바뀌게 되는데, 이것을 빛의 굴절 현상이

라고 한단다. 빛이 공기보다 밀도가 더 높은 유리로 이동하게 되면 빛의 속력이 줄어들어 안쪽으로 꺾이게 된단다."

"빛의 속력이 줄어든다고 방향이 꺾인다는 게 잘 이해가 안 가요."

중훈이가 빛이 유리 속으로 나아가는 점을 응시하며 물었다.

아저씨는 중훈이의 질문을 예상했다는 듯 장난감 자동차를 주

머니에서 꺼냈다.

갈릴레오 아저씨는 유리판의 한쪽에 마찰이 잘 생기는 고무테이프를 붙였다.

"중훈아, 이 자동차를 유리판에서 굴려 봐."

중훈이는 자동차의 바퀴와 유리판의 양쪽 변이 평행하도록 놓은 뒤 자동차를 굴렸다. 중훈이의 손을 떠난 자동차는 유리판에서 빠르게 달리다가 고무테이프가 있는 면으로 들어오면서 속력이 줄어들었다.

"방향이 휘지는 않는데요?"

"물론이지. 자동차의 바퀴가 유리판과 고무테이프의 경계를 직선으로 통과하도록 굴렸으니 말이다."

"그럼 대각선으로 굴려 볼까요?"

아저씨는 대답 대신 고개를 끄덕였다.

중훈이는 자동차의 각도를 바꾸어 굴렸다. 경계면에 바퀴가 비스듬하게 닿은 자동차는 갑자기 방향을 바꾸어 고무테이프면을 달렸다.

"아하! 알겠어요. 고무테이프 면에 먼저 닿은 오른쪽 바퀴의 속력은 고무테이프의 마찰 때문에 줄어들었지만, 유리판 위를 그대로 달리고 있는 왼쪽 바퀴는 속력이 줄지 않았기 때문에 자동차의 운동 방향이 바뀌는 것이군요."

중훈이가 무릎을 탁 치며 말했다.

덕대도 신기해하면서 자동차를 자꾸 굴렸다.

갈릴레오 아저씨는 다시 볼록 렌즈를 꺼냈다.

"이 실험의 원리를 적용하면 가운데가 볼록한 볼록 렌즈에 수직으로 들어온 빛은 볼록 렌즈의 중심으로 꺾이게 되는 것이지. 그 결과 빛은 볼록 렌즈를 통과한 뒤 렌즈 반대편에 있는 가운데로 모이게 되는 거야."

"그 말씀은 가운데가 오목한 오목 렌즈는 그와 반대로 빛이 밖으로 퍼지게 된다는 이야기군요."

"빙고. 바로 그거야! 이제 본격적으로 망원경의 원리에 대해 살펴보자꾸나."

갈릴레오 아저씨는 다시 칠판에 그림을 그렸다.

"망원경에서 물체와 맞닿은 렌즈를 대물렌즈라고 하고, 우리의 눈과 맞닿은 렌즈를 접안렌즈라고 한단다. 볼록 렌즈인 대물렌즈를 통해 들어온 물체의 빛은 초점으로 모이려고 하겠지. 그런데 그 초점에 모이기 전에 오목 렌즈를 그곳에 두면 모이던 빛이 다시 퍼지게 될 거야."

"그럼 물체의 빛이 퍼져서 볼 수 없게 되는 거 아닌가요?"

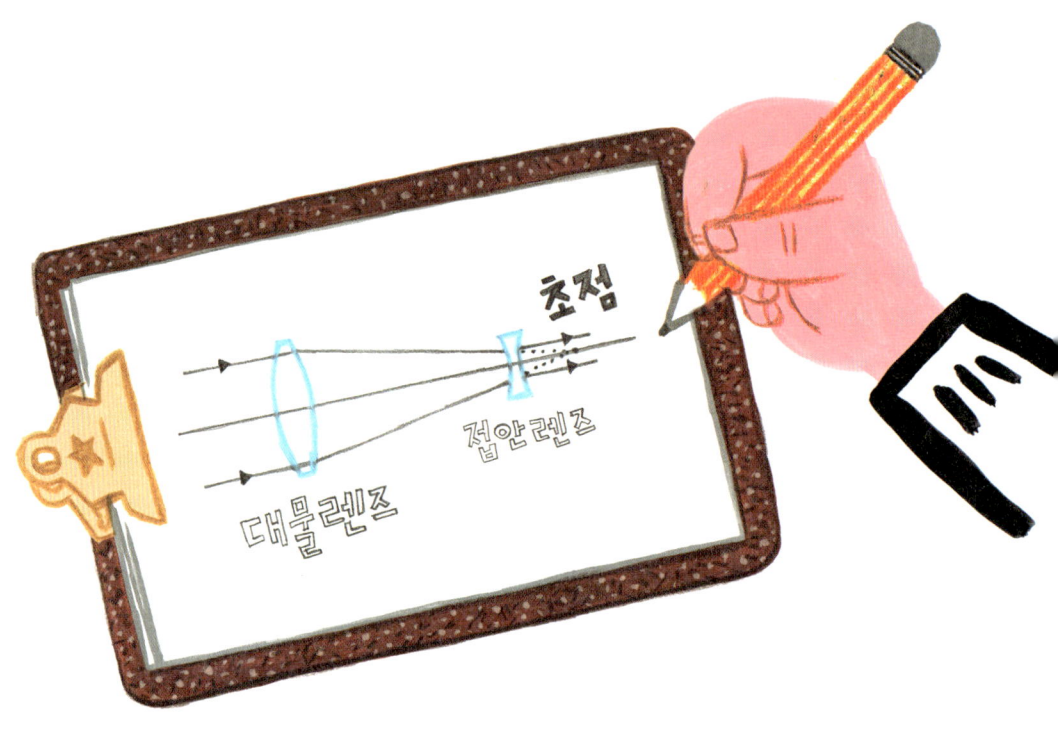

중훈이가 칠판을 가리키며 물었다.

"물론 그럴 수도 있지. 하지만 두 렌즈의 비율을 잘 맞추면 오목 렌즈를 지난 빛이 수평을 이루어 우리의 안구에 상을 맺힐 수 있단다."

"그런데 이 망원경으로 보면 물체의 모습이 왜 찌그러져 보이는 건가요?"

"그건 빛이 꺾이는 각도에 따라서 렌즈를 매끈하게 만들지 못해서 그런 거야. 앞에서 이야기했듯이 렌즈를 지난 빛들이 모두 초점에 모여야 하는데, 렌즈의 표면에서 굴절되는 빛이 모두 한 점으로 모이도록 만들지 않아서 그런 거야."

"아저씨, 얼른 매끈하고 커다란 렌즈를 만들어서 지욱이를 찾고 싶어요."

중훈이가 커다란 볼록 렌즈를 손에 들고 말했다.

"그래, 어서 만들어 보자꾸나."

갈릴레오 아저씨는 렌즈를 만들 재료들을 선반 위에 놓았다. 아이들은 갈릴레오 아저씨와 함께 매끈한 렌즈를 만들기 위해 유리를 갈고 문지르고를 반복했다. 렌즈를 가공하는 것은 간단한 일이 아니었다. 시간을 많이 들여야 하는 고된 일이었다. 하지만 아이들은 불평하지 않았다. 정확하고 성능이 좋은 렌즈가 있으면 더 빨리 지욱이를 찾을 수 있기 때문이다.

오랜 시간을 작업한 후, 드디어 렌즈가 완성이 되었다. 아저씨는 경통을 두 개 준비했다. 경통의 넓은 쪽에 볼록 렌즈를 먼저 끼웠다. 그리고 경통의 좁은 쪽에 오목 렌즈를 마저 끼웠다. 드디어 두 개의 망원경이 완성되었다.

갈릴레오 아저씨와 아이들은 비밀 천문대를 나와 곧장 아치형 다리로 달려갔다. 그곳에 도착하니 성능이 떨어지는 망원경으로 경치를 구경하는 사람들이 몇몇 보였다. 갈릴레오 아저씨와 아이들도 그 사람들 사이에서 주변을 관찰했다.

"우아! 안경 장수 아저씨가 팔던 것과는 비교를 할 수 없을 정도로 잘 보여요."

"그야 당연하지. 배율도 훨씬 높고 너희들이 렌즈를 정교하게 잘 갈았으니까."

"그런데 아저씨, 이 망원경은 사물을 얼마나 크게 볼 수 있는 건가요?"

"아마 30배쯤 될 거야."

"30배씩이나요?"

"그래, 배율이 2가 되면 실제의 2배 크기로 사물을 가깝게 볼 수 있고, 배율이 5배가 되면 5배, 배율이 30배가 되면 30배 크게 볼 수 있지."

"30배면 달 표면도 볼 수 있나요?"

"그렇지. 달의 구덩이인 크레이터도 관찰할 수 있단다. 이게 배율이 30인 망원경이야. **드디어 맨눈으로 볼 때보다 30배나 크게 볼 수 있는 망원경을 만든 것이지.**"

아이들은 갈릴레오 아저씨와 마을뿐 아니라 주위의 산과 강의 모습도 망원경으로 관찰했다 산 정상에 있는 바위의 모양도 잘 구별할 수 있었고, 강가에 묶어 놓은 작은 배에 탄 사람들의 얼굴도 확인할 수 있었다. 중훈이는 망원경의 경통을 다시 마을 쪽으로 돌렸다. 아직도 지욱이가 마을에 있을지 모른다는 생각이 들었기 때문이다.

그때, 성당에서 보았던 그 아이가 중훈이의 눈에 들어왔다.

'지욱이다!'

그 아이가 갑자기 뒤를 돌았다. 그러자 주근깨 투성이인 아이의 얼굴이 명확하게 보였다. 지욱이가 아니었다. 기대가 무너지자 중훈이는 기운이 살짝 빠졌다.

그날 밤, 갈릴레오 아저씨는 잠자리에 들기 전에 달콤한 향이 나는 허브 차를 아이들에게 권했다.

"너무 실망하지 말거라. 매끈하고 맑은 렌즈 같은 눈으로 세상을 보게 되는 날, 이전에 자기가 가지고 있던 생각들이 잘못되었다는 것을 깨닫게 되지. 물론 깨달았다고 해서 모두 변하는 건 아니야. 지금도 많은 사람들은 자기만의 렌즈로 세상을 보고 있단다."

덕대는 어느새 코를 드르렁 골며 잠이 들었다. 중훈이는 아저씨의 말이 자꾸 마음속을 맴돌아 자정이 넘어 잠이 들었다.

하늘을 향한 망원경
• 직접 보고 경험한 것만 믿는다 •

지욱이를 찾기 위해 성능이 좋은 망원경을 만들던 아이들은 망원경으로 세상을 관찰하는 즐거움에 푹 빠져 버렸다. 그리고 더 좋은 망원경을 필요로 하게 되었다. 이젠 유리 렌즈를 다듬는 것도 커다란 경통을 만드는 것도 힘들지 않았다. 아이들의 손놀림은 빨라졌고 공구를 다루는 데도 제법 능숙해졌다.

중훈이는 이마의 땀을 닦으며 매끄럽게 빛나는 볼록 렌즈를 집어 들었다. 그리고는 렌즈를 통해 갈릴레오 아저씨의 얼굴을 바라보았다. 아저씨의 턱 아래로 길게 늘어진 덥수룩한 수염이 마치 거꾸로 뒤집힌 가을 숲처럼 보였다.

"아저씨 이 조그만 망원경은 왜 만드셨어요?"

덕대가 한 뼘이 조금 넘는 작은 망원경을 들어 보였다.

"다 이유가 있지. 이젠 망원경의 방향을 하늘로 돌려 볼까?"

"하늘이오?"

중훈이도 아저씨의 갑작스러운 말에 놀랐다.

"그래, 드넓은 하늘의 별들을 살펴보는 것이지. 별들은 많은 수수께끼들에 대한 답을 알고 있을 테니까."

갈릴레오 아저씨는 알 수 없는 말을 했다.

"별을 관찰하려면 높은 배율을 가진 큰 망원경이 가진 단점을 이 조그만 망원경이 보완해야 한단다."

"단점이오?"

덕대가 크고 작은 두 개의 망원경을 번갈아 쳐다봤다.

"그래, 높은 배율을 가진 망원경은 아주 작은 범위만 확대해서 볼 수 있어. 그래서 배율이 낮은 망원경으로 밤하늘을 넓게 보고, 관찰하고 싶은 별을 중앙에 맞춘 후 높은 배율을 가진 망원경으로 별과 그 주변을 확대하여 관찰하는 거야."

"아, 그래서 배율이 낮은 작은 망원경에 십자표를 해 둔 것은 별을 망원경으로 잘 조준하기 위해서군요."

덕대는 그제야 이해가 된다는 표정을 지었다.

"맞아. 덕대가 제법 예리한 눈을 가졌구나."

갈릴레오 아저씨는 덕대의 머리를 쓰다듬었다.

"그럼 두 망원경이 나란하도록 연결을 해야겠네요?"

중훈이가 두 개의 경통을 나란히 들어 보였다.

"그렇지. 별까지의 거리가 거의 무한에 가깝기 때문에 두 망원경이 평행을 이루어도 큰 문제가 없단다. 자, 이제 렌즈만 끼우면 되겠구나."

"여기 있어요, 아저씨."

덕대가 칭찬을 들어서 그런지 싱글벙글 웃는 얼굴로 갈릴레오 아저씨에게 오목 렌즈를 건넸다.

"볼록 렌즈도 갑니다."

중훈이도 볼록 렌즈를 갈릴레오 아저씨에게 건넸다.

갈릴레오 아저씨는 두 개의 렌즈를 보드라운 융 위에 조심스레 올려 두었다.

갈릴레오 아저씨는 커다란 볼록 렌즈를 경통에 먼저 끼웠다. 그리고는 이어서 오목 렌즈도 끼웠다.

"됐다! 이제 드디어 밤하늘을 탐사할 준비가 끝났구나."

"밤하늘이오?"

"난 항상 밤하늘에 떠 있는 달과 별들이 궁금했지. 이 정도의 망원경이면 궁금증을 해결할 수 있을 것 같구나."

갈릴레오 아저씨는 아이들을 데리고 뒷동산을 올랐다. 넓게 펼쳐진 하늘을 보기에 안성맞춤인 장소였다. 갈릴레오 아저씨는 곧바로 스탠드를 세우고 새로 만든 망원경을 고정시켰다.

하늘은 구름 한 점 없이 까맣고 별들은 그 속에서 초롱초롱 빛났다. 그림 같은 하늘 한쪽에 상현달이 떠 있었다.

"달을 관찰하기에 딱 좋은 날이구나."

갈릴레오 아저씨는 우선 작은 망원경의 중심을 달에 맞췄다. 그리고 아래 있는 큰 망원경의 접안렌즈에 눈을 가져갔다. 갈릴레오 아저씨는 한동안 아무 말도 없이 달을 관찰했다. 아이들도 맨눈으로 밤하늘에 아름답게 수놓인 별들을 감상했다.

잠시 후, 갈릴레오 아저씨가 망원경에서 눈을 뗐다.

"역시 내 예상대로였군."

"뭐가요?"

중훈이가 다가가며 물었다.

"이리 와서 직접 보렴."

중훈이는 망원경으로 밤하늘을 올려다보았다. 중앙에 커다란 달의 모습이 명확하게 보였다.

"와, 달의 표면이 울퉁불퉁한 것이 정말 신기하네요."

"나도 볼래!"

덕대가 중훈이를 밀치고 망원경을 차지했다.

"달이 이렇게 컸어? 어? 그런데 옥토끼는 없네? 할머니가 분명히 두 마리 살고 있다고 했는데."

"하하하, 잘 찾아보렴. 혹시 옥토끼들이 숨바꼭질을 하고 있을지도 모르니까."

"크크크."

중훈이는 터져 나오는 웃음을 참느라 애썼다.

"이걸 그림으로 남겨야겠어."

　갈릴레오 아저씨와 아이들은 그날부터 달을 관찰한 모습을 노트에 그렸다. 달의 표면에 있는 구덩이뿐 아니라 물이 흐른 것 같은 흔적 등 다양한 모습들도 그림으로 나타냈다.
　"휴, 이제 다 그렸네."
　덕대가 종이를 들고 마른 풀밭 위에 털썩 주저앉았다.
　"직접 보면서 그리는 게 쉽지는 않았지만 완성한 달의 표면 그림을 보니 뿌듯한걸."
　중훈이도 덕대 옆에 앉아서 쉬었다.
　하지만 갈릴레오 아저씨는 시간이 아깝다는 듯 쉬지 않고 망원경으로 다른 별들을 관찰했다. 아저씨의 모습을 보니 아이들도 다시 관찰하고 싶은 마음이 생겼다.
　"우리는 이걸로 별을 관찰하는 게 어때?"
　중훈이가 가방에서 아저씨가 만든 배율이 낮은 망원경을 꺼냈다. 가방 안에는 안경 장수가 판 망원경도 들어 있었다.

"한 명이 하나씩 보는 게 나을 테니 난 이걸로 할게."

덕대는 안경 장수가 판 망원경을 집어 들었다.

별을 관찰하는 갈릴레오 아저씨와 아이들의 열정이 늦가을 추위를 싹 녹이는 듯했다.

덕대는 한자리에서 관찰하지 않고 여기저기 돌아다니며 반짝이는 것이 보이면 망원경을 들이댔다. 그러다가 무언가를 발견했는지 발걸음을 멈췄다.

"중훈아, 숲속에 커다란 별들이 날아다녀. 엄청나!"

덕대의 망원경이 향한 곳은 풀 속에 있는 반딧불이들이었다.

"덕대야, 그건 망원경 없이 봐도 잘 보일 거야."

중훈이가 피식 웃었다.

"그, 그래?"

덕대는 망원경을 내려놓고 풀 속을 보았다.

"어? 정말 숲속에 별들이 마구 날아다녀!"

중훈이는 덕대의 진지한 모습을 말없이 바라보았다.

"애들아, 여기 좀 보렴."

갈릴레오 아저씨가 무언가 신기한 것을 발견했는지 소리쳤다.

아이들은 얼른 아저씨가 있는 곳으로 갔다.

"뭐 새로운 거라도 발견하셨어요?"

"아까부터 유심히 봤는데 목성 주변에 위성이 있는 것 같아."

"위성이오?"

"그래, 행성의 인력에 의해 그 둘레를 도는 천체를 말해. 일종의 달 같은 것이지."

"그럼 목성에도 달이 있다는 말이네요!"

"그렇지. 그것도 한두 개가 아니란다."

"우아! 정말 대단해요."

덕대는 목성이 떠 있는 쪽을 바라보았다.

"이걸 확인하려면 일정한 시간 간격으로 위성의 위치를 그려 봐야 해."

갈릴레오 아저씨는 노트를 펼쳤다. 그러고는 펜으로 노트의 중앙에 목성을 그렸다. 그런 뒤 목성 주위의 별들을 점으로 나타냈다. 위성으로 보이는 세 개의 별에는 동그라미를 그렸다.

"이제 모래시계를 한 번 뒤집을 때마다 세 개의 별이 움직인 자취를 표시하면 그 별들이 목성의 위성인지 아닌지 알 수 있을 거야."

덕대와 중훈이는 새벽까지 아저씨를 도왔다.

작업은 며칠간 계속 되었다. 밤하늘을 수놓은 반짝이는 별들을 관찰하는 동안 아이들은 새로운 세상을 발견한 것처럼 가슴이 뛰었다.

"아저씨, 혹시 이 별도 위성이 아닐까요?"

중훈이는 동그라미를 치지 않은 또 다른 별을 손가락으로 가리켰다.

"어디 보자."

갈릴레오 아저씨는 여러 날에 걸쳐 별의 위치를 표시한 점들을 살폈다.

"음, 그래. 주기가 좀 길기는 하지만 이 별도 목성의 위성일 확률이 꽤 높구나. 이건 며칠을 더 관찰해야 확실하게 알 수 있을 것 같아."

"야호! 나도 위성을 하나 찾았다."

중훈이는 기뻐서 어쩔 줄을 몰랐다. 덕대가 부러운 눈으로 중훈이를 바라봤다.

갈릴레오 아저씨는 이런 덕대의 마음을 눈치챘는지 부엌으로 슬며시 들어가 특별한 피자를 준비했다. 피자가 익기 시작하자 고소한 냄새가 아이들의 코를 자극했다.

"킁킁, 이건 피자 냄새잖아."

코를 킁킁거리던 덕대의 표정이 밝아졌다.

 갈릴레오 아저씨는 맛있게 익은 피자를 화덕에서 꺼내 왔다.
 "자, 매일 밤늦도록 고생하는 너희들을 위해 아저씨가 특별히 준비한 거야."
 아저씨가 식탁에 올린 피자의 토핑이 별자리 같았다. 목성 주위를 도는 위성은 올리브로 표시가 되어 있었다.
 "우아! 너무 예뻐서 먹기가 아깝네요."
 "그렇긴 하지만 얼른 먹고 힘내서 더 놀라운 것을 찾아보자꾸나."
 "네, 아저씨!"

"만약 우리가 지금 그린 네 개의 별이 위성이 맞다면, 코페르니쿠스의 지동설을 입증하는 아주 중요한 단서가 될 수도 있겠어."

"지동설이오?"

"그래, 이 시대의 사람들은 대부분 지구가 온 우주의 중심이고 모든 천체가 지구를 돌고 있다는 천동설을 믿고 있거든."

"저희들은 과학 시간에 지구가 자전하면서 태양 주위를 돌고 있다고 배웠는걸요. 우주에 나갈 수 없는 이 시대에는 그것을 설명하기가 어렵겠네요."

"그래, 이제 한 가지 단서를 찾았으니 틈나는 대로 연구해 보려고 해. 난 지동설이든 천동설이든 확실하지 않은 것을 믿지 않아. **내 눈으로 직접 관찰하고 연구해서 나온 결과만이 나에게는 중요하거든. 오직 난 내가 경험한 것만 믿을 뿐이란다.**"

갈릴레오 아저씨가 아이들의 접시에 피자를 덜어 주며 말했다. 아이들은 이 세상에 하나밖에 없는 특별한 피자를 맛있게 먹기 시작했다.

지욱이를 만나다
• 감각이 도움이 되지 않을 때 이성이 작동하기 시작한다 •

"이런, 큰일이야!"

갈릴레오 아저씨는 천체 시계를 바라보며 소리쳤다.

"아저씨, 무슨 일이에요?"

덕대가 황급히 뛰어오며 물었다.

"지욱이를 가리키던 붉은 별이 사라졌어."

"그럼 지욱이에게 무슨 일이 일어났다는 말인가요?"

중훈이의 질문에 아저씨는 말을 잇지 못했다.

"어젯밤에 마지막으로 확인한 위치가 코르시카 섬이니 일단 그곳으로 가야겠다!"

갈릴레오 아저씨는 아이들과 서둘러서 짐을 챙겼다. 그러고는 비밀 천문대와 가까운 곳에 정차해 있던 마차를 잡았다. 아이들도 아저씨와 함께 마차에 올랐다. 코르시카 섬으로 가려면 피사에서 가까운 리보르노 항구로 가야 했다. 리보르노 항구까지는 마차를 타고 한 시간 걸리는 거리였다. 지욱이를 걱정하느라 주변 풍경을 감상할 여유가 없었다.

항구에 도착한 아이들과 갈릴레오 아저씨는 곧바로 코르시카 섬으로 떠나는 배에 올랐다. 리보르노 항구를 벗어나 깊은 바다로 나오니 어느새 해가 저물었다. 갈릴레오 아저씨는 배를 타고 가는 동안 마음을 진정시킬 겸 망원경을 꺼냈다.

"역시 바다 위에서 별을 관찰하는 건 쉬운 일이 아니군."

중훈이와 덕대도 작은 망원경을 들고 나와 하늘을 바라보았다. 그런데 갑자기 배가 휘청하더니 갑판 위로 바닷물이 들어왔다.

"여러분! 풍랑이 거세져서 위험하니 모두 안으로 들어가세요."

갑판장이 갑판 위의 사람들에게 큰 소리로 외쳤다.

"안 되겠다. 얼른 들어가자꾸나."

갈릴레오 아저씨는 아이들을 객실로 이끌었다.

풍랑은 점점 더 세게 몰아쳤다. 밤이 깊어지자 중훈이와 덕대는 출렁이는 객실 안에서 잠을 청했다. 하지만 풍랑이 심해서 쉽사리 잘 수 있는 상황은 아니었다.

다음 날 아침, 중훈이는 밖에서 사람들이 시끄럽게 떠드는 소리에 잠을 깼다.

"무슨 일이지?"

"덕대야, 얼른 나가 보자."

중훈이는 덕대와 갑판으로 나갔다.

풍랑은 잠잠해졌지만 밤사이에 작은 배 한 척이 부서진 채 뒤집혀 있었다. 살아남은 사람은 뒤집힌 배에 매달려 있는 서너 명이 전부인 것 같았다.

배의 선원들이 물에 빠진 사람들을 구하러 출발했다.

'저 사람들 중에 혹시 지욱이가 있는 건 아닐까?'

중훈이는 혹시나 하는 마음으로 선원들이 출발한 쪽을 바라보았다. 하지만 너무 멀어서 제대로 얼굴을 볼 수가 없었다.

"지욱이가 있는지 살펴보고 있는 거니?"

아저씨의 말에 중훈이는 고개를 끄덕였다.

"감각이 도움이 되지 않을 때에는 이성이 작동하기 시작하는 법이지."

"그게 무슨 말씀이세요?"

중훈이는 정신이 번쩍 들었다.

"저기 흩어진 배의 조각들을 살펴보렴."

갈릴레오 아저씨는 망원경을 건넸다.

"반쪽만 남고 나머지는 부서져서 사라졌네요."

"지금 바다 위를 관찰할 수 있는 우리의 감각은 시각뿐이야. 하지만 우리의 눈으로 이 바다 위를 다 살피는 건 오래 걸리고 쉽지 않은 일이지. 지금 이 한계를 뛰어넘어야 지욱이를 찾을 수 있어."

"감각의 한계를 뛰어넘을 수 있도록 해 주는 게 바로 이성이란 말씀인가요?"

"그래. 이 깃발을 봐."

갈릴레오 아저씨가 들고 있는 깃발은 바람이 동쪽에서 서쪽으로 불고 있다는 걸 나타내고 있었다.

"그러고 보니 나무 조각들이 늘어선 채 동쪽에서 서쪽으로 움직이고 있네요."

"만약 배에 지욱이가 탔었다면, 그리고 지금 살아서 나무 조각을 붙들고 있다면 서쪽 방향에 있을 확률이 높겠지."

중훈이는 갈릴레오 아저씨의 말이 떨어지기가 무섭게 서쪽 바다 위를 샅샅이 살폈다.

한참을 살피던 중훈이의 망원경에 희망의 조각이 포착되었다.

"차, 찾았다. 지욱이야!"

중훈이가 외치는 소리를 듣고 덕대가 달려왔다.

"지옥이라고? 어디 이리 줘 봐."

덕대는 망원경을 중훈이에게서 빼앗듯이 가져갔다.

"정말 지옥이잖아!"

중훈이는 배에 남아 있는 선원들에게 달려갔다.

"저기, 사람이 있어요."

"어디 사람이 있다는 거냐?"

"저기, 나무 조각을 사람이 붙들고 있어요."

"저 멀리 있는 게 보인다는 말이냐?"

"이걸로 저쪽을 보세요."

선원은 망원경으로 아이들이 말한 쪽을 보았다.

"저, 정말이군."

"시간이 없어요. 얼른 구명보트를 보내서 구해 주세요."

"알았다. 그런데 그거 참 신기한 물건이로구나."

선원은 동료와 함께 보트를 타고 지욱이가 있는 곳으로 갔다. 한참 후, 지욱이를 실은 구명보트가 돌아왔다.

"지욱아!"

갑판 위로 지욱이가 올라오자 중훈이와 덕대가 뛰어갔다.

"어? 너희는……."

지욱이는 말을 잇지 못하고 의식을 잃었다. 추운 바닷속에서 너무 오랫동안 있어서 체온이 내려간 탓이었다.

"지욱아, 정신 차려!"

갈릴레오 아저씨가 황급히 지욱이를 안고 선실로 들어갔다. 아저씨는 지욱이를 침대에 눕히고 젖은 옷을 갈아입혔다. 그러고는 담요를 덮어 준 후, 손발을 쉬지 않고 주물렀다. 중훈이와 덕대도 곁에서 함께 지욱이의 몸을 주물렀다. 잠시 후, 지욱이의 혈색이 돌아오기 시작했다. 점점 손과 발도 따뜻해졌다.

"아, 안 돼!"

지욱이가 소리를 지르며 일어났다.

"지욱아!"

모두가 동시에 지욱이의 이름을 불렀다.

"아, 머리야!"

지욱이는 어지러운지 머리를 두 손으로 감싸 쥐었다.

"중훈이와 덕대가 아니었으면 너를 구하지 못했을지도 몰라."

갈릴레오 아저씨는 따뜻한 물을 지욱이에게 건네며 말했다.

그제야 정신이 들었는지 지욱이는 중훈이와 덕대의 얼굴을 번갈아가며 보았다.

"지욱아! 살아나 줘서 고마워."

중훈이는 지욱이의 손을 붙들고 눈물을 펑펑 흘렸다.

"그래, 지욱아. 난 네가 죽는 줄 알았어!"

덕대도 함께 울었다.

"고, 고맙긴. 오히려 내가 고맙지."

지욱이는 중훈이와 덕대가 진심으로 자기를 걱정했다는 걸 느꼈다. 이제 이 아이들과도 친구가 될 수 있겠다는 믿음이 생겼다.

지욱이는 그동안 말하지 못했던 설움이 한꺼번에 몰려와 눈물을 참을 수가 없었다. 눈물은 세 아이의 마음을 녹이고 치유했다.

오후가 되자 지욱이는 몸이 훨씬 좋아졌다. 밥도 잘 먹고 생기를 되찾았다. 지욱이는 그동안 이곳에 와서 있었던 일을 아이들에게 차근차근 말해 주었다.

"왕따를 해결하는 공식을 찾기 위해 처음 찾은 곳은 피렌체였어. 그곳에 유명한 현인들이 살고 있다고 했거든."

"그래서 현인을 만났니?"

중훈이가 지욱이에게 가까이 다가가며 물었다.

"응, 피렌체 최고의 철학자도 만났고 대학의 교수님들도 만났는데 왕따를 해결하는 공식은 잘 모르겠다고 하더라고. 며칠을 방황하던 중, 왕따 문제를 해결할 방법을 하나 찾았어."

"그래?"

"피렌체에서 피사로 가려고 짐을 챙겨서 골목길을 지날 때였어. 좁은 공터에 대여섯 살 정도 되어 보이는 아이들이 술래잡기를 하고 있더라고. 그런데 한 아이만 따로 떨어져서 혼자 앉아 있는 거야. 마치 내 모습을 보는 것 같아서 그 아이에게 다가가서 물었지."

"……"

중훈이와 덕대는 지욱이의 말에 미안한 마음이 들어 아무런 말도 하지 않았다.

"알고 보니 앉아 있던 아이는 오른쪽 다리가 짧아서 제대로 달리지 못하는 안드레아라는 남자애였는데, 두 다리로 잘 달리지 못하니 친구들이 술래잡기에 끼워 주지 않았던 거지."

"그래서 네가 어떻게 했니?"

중훈이가 물었다.

"한 판이 끝나기를 기다렸다가 아이들에게 가방에 있던 과자를 나누어 주며 이야기했어. 술래잡기를 더

재미있게 하는 방법을 가르쳐 줄 테니 한번 해 보겠냐고 물었지."

"그런 방법이 있어?"

덕대가 고개를 갸우뚱거리며 물었다.

"바로 한 발로 뛰어다니며 술래잡기를 하는 거야. 그랬더니 앉아 있던 아이도 놀이에 참여할 수 있게 되었어."

"오, 정말 괜찮은 방법이구나."

중훈이는 고개를 끄덕였다.

"아이들이 노는 모습을 지켜보고 있는데 한 아저씨가 다가와서 눈물을 글썽거렸어. 아저씨는 고마워하며 보답을 하고 싶다고 했어. 그래서 난 할 일을 한 것뿐이라며 정중하게 사양했지."

"멋지다. 지욱이!"

중훈이가 지욱이를 향해 엄지를 '척' 올려 보였다.

지욱이는 따뜻한 차를 한 모금 마시고 다시 말을 이었다.

"그 뒤 피사에 돌아와서 현인들을 찾다가 문득 신부님이라면 왕따를 해결하는 방법에 대해 알고 있을지도 모른다는 생각이 들었어. 그 길로 대성당에 간 적도 있었어. 물론 신부님이 좋은 답변을 주시긴 했지만 공식을 만들 수 있을 만한 것은 아니었어."

"아, 성당에 갔던 그날……."

"그날 너희도 왔었니?"

지욱이가 두 아이에게 물었다.

"물론이지. 네가 갑자기 나가 버렸잖아. 어디로 갔던 거니?"

중훈이는 그때의 상황을 떠올렸다.

"미사 드리는 날은 신부님을 만난 다음 날이야. 그날 맨 앞자리에 앉아 있다가 오래된 책을 한 권 보게 되었는데, 그 책에 코르시카 섬에 못 푸는 문제가 없는 진정한 현인이 살고 있다는 글귀가 있더라고. 난 한시도 지체하기 싫어서 참회 시간에 슬며시 밖으로 나갔던 거야."

"그랬구나. 역시 내 눈이 정확했어."

덕대가 검지로 자기 눈을 가리키며 으스댔다.

"코르시카 섬으로 가던 길에 풍랑을 만나 이렇게 된 거니?"

중훈이는 이제야 이해가 된다며 고개를 끄덕였다.

중훈이와 덕대도 지욱이에게 그간 갈릴레오 아저씨와 함께 있었던 일을 장황하게 설명해 주었다. 아이들은 이런저런 이야기를 나누는 것이 즐거워 시간이 가는 줄도 몰랐다. 셋은 어느새 한 형제처럼 가까워졌다.

풍랑 때문에 배는 하루를 바다 위에서 더 머물고 코르시카 섬의 바스티아 항구에 도착했다. 코르시카 섬에 도착한 아이들과 갈릴레오 아저씨는 지욱이가 찾는 현인을 찾으러 섬을 돌아다녔다. 하지만 그 현인은 며칠 전에 피렌체로 떠났다고 한다.

아이들은 하는 수 없이 갈릴레오 아저씨와 돌아오는 배를 타고 리보르노 항구로 돌아왔다. 그러고는 다시 피렌체로 향했다.

갈릴레오의 종교 재판
•그래도 지구는 돈다•

 며칠 간 마차를 타고 피렌체에 도착한 갈릴레오 아저씨와 아이들은 긴 여행으로 몸이 지쳤다. 아저씨는 우선 아이들과 함께 묵을 거처를 찾았다. 주변에 숙소는 많이 있었지만 망원경을 설치할 만한 곳은 별로 없었다. 한참을 돌아다닌 끝에 아저씨는 테라스가 있는 여인숙에서 묵기로 결정했다.

 안으로 들어서자 오래된 흔들의자가 거실 한가운데 놓여 있었고, 남쪽으로 난 창문 밖에는 제법 넓은 테라스가 펼쳐져 있었다. 아저씨는 곧장 망원경을 꺼내 들고는 테라스로 나갔다.

 갈릴레오 아저씨는 밤하늘을 향해 망원경을 들어 올렸다. 그러고는 금성을 렌즈 안에 담았다.

"이걸 한번 보렴."

"이야, 금성이 반달 같아요."

지욱이는 금성의 모습이 신기했는지 놀란 표정을 지었다.

"어디, 나도 좀 보자."

"나도!"

중훈이와 덕대도 망원경 쪽으로 다가왔다.

아이들이 신기하게 금성을 보는 사이 갈릴레오 아저씨는 별 관찰 노트를 꺼냈다. 그러고는 뭔가 확신에 찬 표정을 지었다.

"이제 프톨레마이오스의 천동설이 틀렸다는 걸 증명할 때가 되었군."

아저씨는 아랫입술을 지그시 깨물었다.

다음 날, 갈릴레오 아저씨는 아침 일찍 연구한 자료들을 들고 학자들을 만나러 나갔다. 그러고는 저녁이 되어서야 돌아왔다. 저녁 식사를 하는 동안 아저씨는 그날 만난 사람들에 대한 이야기를 세 아이들에게 해 주었다. 이탈리아의 유명한 과학자와 수학자들의 모임에 갔는데, 거기서 아저씨가 하늘이 돌고 있다는 천동설의 오류를 지적했다고 했다. 저녁을 먹으며 이야기하는 내내 갈릴레오 아저씨의 표정은 평소보다 훨씬 밝았다.

갈릴레오 아저씨의 이야기가 무르익을 무렵, 문밖에서 말발굽 소리가 났다.

쾅 쾅 쾅!

누군가 문을 세차게 두드렸다.

"누구십니까?"

갈릴레오 아저씨는 현관문을 천천히 열었다.

"갈릴레오 선생님을 모시러 왔습니다."

문 앞에는 옷을 단정하게 입은 신사 두 명이 서 있었다.

"누구신데 나를 찾는 거요?"

"교황청에서 나왔습니다."

둘 중 키가 큰 사람이 나지막한 목소리로 말했다.

갈릴레오 아저씨는 오전에 만났던 사람들 중 자신이 한 이야기를 교황청에 밀고한 사람이 있다는 것을 알아차렸다. 그리고 눈앞의 그들이 자기를 재판장으로 넘길 것이라는 것을 눈빛으로 느낄 수 있었다.

"잠시 기다리시오."

아저씨는 두 신사를 문 밖에 세워 둔 채 아이들에게 다가갔다.

아저씨의 표정이 그믐달처럼 어두웠다.

"너희들은 내가 올 때까지 여기에 있으렴."

"무슨 일이에요? 아저씨."

갈릴레오 아저씨는 대답 대신 옷을 갖춰 입고 아이들에게 주머니에 들어 있는 돈을 모두 건네주었다.

"내가 올 때까지 이걸로 생활비를 하렴. 돌아오면 내가 맛있는 거 많이 만들어 줄게."

하지만 아저씨는 다시 오지 않을 것 같은 모습이었다. 이미 아이들은 종교 재판에서 지동설을 주장하다 화형을 당한 조르다노 브루노의 이야기를 들어서 알고 있었다.

"안 돼요. 아저씨!"

"저희도 같이 가요."

아이들이 필사적으로 매달렸지만 갈릴레오 아저씨는 아이들이 따라오지 못하게 단호히 말렸다. 아저씨가 교황청으로 끌려가자 아이들은 갑자기 공허한 상태가 되어 버렸다.

"이렇게 가만히 아저씨를 기다릴 수는 없어."

중훈이가 가장 먼저 입을 열었다.

"물론이지. 아저씨가 돌아오지 못할 수도 있으니까."

"그래, 우리가 직접 재판장에 가서 아저씨를 구해 오자."

덕대와 지욱이도 동의했다.

"좋아, 파이팅!"

아이들은 한마음이 되어 갈릴레오 아저씨를 구할 방법을 찾았다. 동네 사람들에게 수소문해 보니 아저씨의 재판은 로마에 있는 미네르바 성당에서 열흘 후에 진행한다고 했다.

아이들은 아저씨가 주고 간 돈으로 마차를 구한 뒤 망원경을 모두 싣고 로마로 출발했다. 로마로 가는 길에 아이들은 아저씨가 남긴 자료와 그동안 함께 나누었던 이야기들을 토대로 천동설의 오류를 찾으려 애썼다. 천동설이 잘못되었다는 것을 재판에서 증명하면 아저씨를 구할 수 있을 것이라고 믿었기 때문이다. 하지만 갈릴레오 아저씨의 설명 없이 자료만으로 천동설의 허점을 찾는 건 결코 쉬운 일이 아니었다.

 며칠을 달려 미네르바 성당의 광장에 도착한 아이들은 가장 먼저 아저씨가 갇힌 감옥으로 향했다. 창을 든 병사 두 명이 옥문을 삼엄하게 지키고 있었다.

"이제 어쩌지? 아저씨를 만나야 하는데……."

병사들의 모습을 본 중훈이가 걱정하는 목소리로 말했다.

"일단, 가서 부딪쳐 보자."

지욱이가 단호하게 말했다. 덕대도 주먹을 불끈 쥐었다.

 아이들은 꼬마 병정처럼 병사들을 향해 성큼성큼 다가갔다. 거리가 가까워질수록 병사들의 울룩불룩한 팔다리 근육과 거친 턱수염 그리고 험상궂은 얼굴이 선명하게 드러났다. 중훈이는 마음속으로 할 수 있다고 외쳤다. 하지만 막상 병사들 앞에 서자 두 다리가 풀려 버렸다. 덕대도 옆에서 떨고 있기는 마찬가지였다. 그때 지욱이가 겁 없이 앞으로 나섰다.

'지, 지욱이가 언제 저렇게 용감했지? 난 두려워서 오금이 저리는데…….'

 중훈이는 지욱이 옆에 가서 돕고 싶었지만 두 발이 땅에서 떨어지지 않았다.

"오! 지욱! 어쩐 일이냐?"

병사 중 한 명이 지욱이에게 물었다.

"안드레아는 잘 지내나요?"

'안드레아? 어디서 들어 봤던 이름인데……. 아하, 지욱이가 도와 주었다는 아이!'

중훈이는 그제야 지욱이에게 말을 건넨 병사가 안드레아의 아빠인 것을 알게 되었다.

"제 친구들이에요. 뭐 해? 어서 인사드려."

지욱이가 중훈이와 덕대에게 말했다.

"아, 안녕하세요? 아저씨."

중훈이가 머뭇거리는 사이에 덕대가 먼저 인사했다.

"그래, 반갑구나. 멋진 친구를 가진 두 친구들!"

안드레아의 아빠는 지욱이를 멋진 친구라고 말했다.

그 말을 들은 중훈이는 지욱이가 정말 멋지고 용기 있는 친구라고 생각했다. 그러자 초라한 자기의 모습이 부끄러웠다.

지욱이는 안드레아의 아빠에게 귓속말로 부탁을 했다. 그러자 안드레아의 아빠도 귓속말로 지욱이에게 답해 주었다.

"그럼 다음에 또 들를게요. 고맙습니다, 아저씨."

아저씨와 비밀 이야기를 주고받던 지욱이가 아이들에게 손짓으로 가자고 신호했다.

"아, 안녕히 계세요."

중훈이와 덕대는 얼떨결에 인사를 하고 지욱이를 따라나섰다.

옥문 앞을 벗어나 광장으로 나온 지욱이는 안드레아의 아빠와 나눈 이야기를 전해 주었다.

"그럼 내일 새벽 동이 틀 때 오면 안드레아의 아빠만 옥문을 지키고 있다는 것이지?"

중훈이가 작은 소리로 말했다.

"그래, 일단 오늘은 여기에 텐트를 치고 자자. 내일 일찍 일어나야 하니까."

어느새 지욱이가 아이들의 대장이 된 것 같았다. 어려운 상황도 거침없이 해결해 나가는 지욱이의 모습은 대장 그 이상이었다.

다음 날, 동이 트기 전 세 명의 아이들은 갈릴레오 아저씨가 갇혀 있는 옥문으로 향했다. 약속대로 안드레아의 아빠가 혼자 경비를 서고 있었다. 안드레아의 아빠는 아이들을 몰래 안으로 들여보내 주었다. 아이들은 고맙다는 인사를 하고 황급히 안으로 들어갔다.

갈릴레오 아저씨는 북쪽 끝 방에 있었다. 안에 있던 간수도 미리 이야기를 들었는지 아이들을 갈릴레오 아저씨에게로 친절하게 안내해 주었다.

"아침 식사가 나오기 전에 나와야 한다. 알겠지?"

"네, 아저씨. 고맙습니다."

아이들은 간수에게 인사를 하고 갈릴레오 아저씨가 잠들어 있는 감옥 안으로 들어갔다.

"아저씨, 저희가 왔어요!"

중훈이가 갈릴레오 아저씨를 흔들어 깨우자 아저씨는 눈을 비비며 일어났다.

"아, 아니 너희들이 여기에 어떻게……."

갈릴레오 아저씨는 화들짝 놀랐다.

"쉿! 지금 저희에게 주어진 시간은 아침 식사 전까지예요. 저희들에게 천동설이 틀린 이유와 지동설이 옳은 이유를 빨리 알려 주세요."

반가워할 틈도 없이 지욱이의 다급한 목소리가 갈릴레오 아저씨의 귓전을 울렸다.

"그래, 알았다."

아저씨는 아이들이 준비해 온 종이에 그림을 그리며 설명을 시작했다.

"지난번에 간단하게 이야기했는데 이번에는 좀 더 알기 쉽게 설명을 해 주마. 천동설을 주장하는 사람들은 지구를 중심으로 달, 수성, 금성, 태양, 화성, 목성, 토성이 나열되어 회전하고 있으며 나머지 별들은 고정된 채로 있다고 보고 있단다. 그런데 이렇게 말을 하고 보니 문제가 생겼어."

"그게 뭔데요?"

덕대가 갈릴레오 아저씨가 그린 그림을 뚫어지게 바라보았다.

"바로 화성의 역행이란다. 천동설대로라면 화성이 서쪽에서 동쪽으로 계속 움직여야 하는데, 동쪽에서 서쪽으로 가는 모습이 보이거든."

"그러면 화성이 뭔가 다른 운동을 한다는 말이네요."

지욱이의 질문은 예리했다.

"그렇지, 그래서 천동설의 오류를 인정하기 싫어하는 학자들이 '주전원설'을 이야기했는데, 주전원설은 간단하게 말해서 행성들이 그냥 지구 주위를 도는 게 아니고 작은 원을 그리면서 돈다는 이론이란다."

갈릴레오 아저씨는 이해를 돕기 위해 다른 종이에 주전원을 그렸다. 세 아이들은 그림을 보니 천동설을 주장하는 사람들이 어떻게 행성의 움직임을 생각했는지 이해가 되었다.

"그럼 행성의 역행 문제가 해결이 된 것인가요?"

중훈이가 갈릴레오 아저씨에게 물었다.

"음, 완전하지는 않지만 그렇다고 볼 수 있지. 하지만 중요한 문제가 하나 더 있어."

"그게 뭔데요?"

"지난번 금성을 관찰하면서 알게 된 것인데. 지구에서 보이는 금성의 모양, 즉, 위상이 천동설의 이론과 다르다는 거야."

"왜 그렇죠?"

지욱이가 이해되지 않는다며 고개를 갸우뚱거렸다.

아저씨는 다시 그림을 그렸다.

"지구와 태양 사이에 금성이 있다는 사실은 천동설과 지동설을

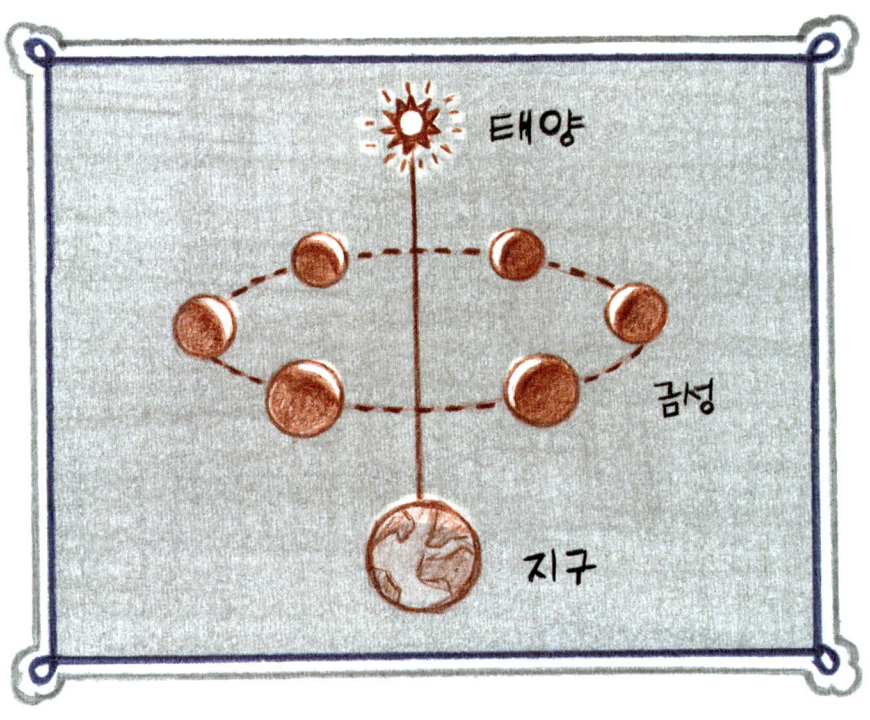

주장하는 사람들이 공통적으로 인정하는 부분이야."

"그렇죠."

"금성은 자기 자체로 빛을 내는 별이 아니기 때문에 태양의 빛이 반사되어 그 위상이 우리의 눈에 보이게 되지. 그렇다면 금성은 아무리 회전을 해도 지구와 태양 안에서 돌기 때문에 반달 이상의 모양을 가질 수가 없다는 결론을 얻을 수 있어."

"잘 이해가 안 돼요. 아저씨."

이번에는 중훈이가 어렵다는 표정을 지었다.

아저씨는 그림 하나를 그렸다.

"이 그림에서 금성이 태양과 지구 사이에 위치하게 되는 경우, 금성에 반사된 태양의 빛이 지구로 올 수 없기 때문에 금성은 보이지 않게 되겠지. 다른 위치에 있을 때에도 지구에서는 내가 밝게 칠한 이 부분만큼만 볼 수 있단다."

"아, 이제 알 것 같아요."

중훈이가 고개를 끄덕였다.

"그런데 여기를 보렴."

갈릴레오 아저씨는 그동안 관찰한 금성을 그린 그림을 보여 주었다.

"정말 금성이 보름달 모양에 가깝네요."

그때였다.

"얘들아, 시간이 다 되었어."

문 앞에서 간수가 아이들을 불렀다.

"네, 지금 나갈게요."

"갈릴레오 아저씨, 저희가 아저씨를 꼭 구할 테니 염려 말고 계세요."

중훈이가 아저씨의 손을 꼭 붙들고 말했다. 지욱이와 덕대도 아저씨의 손을 붙들었다.

"그래, 고맙구나. 하지만 진실이 받아들여지지 않을 수도 있단다. 내 일은 내가 알아서 할 테니 너희들은 천체 시계를 돌려서 어서 너희들이 있었던 시공간으로 가렴."

시간이 촉박해서 아이들은 더 이상 아무 말도 하지 못하고 감옥 밖으로 나왔다.

밖에 나오니 아직 안드레아의 아빠가 혼자 경비를 서고 있었다.

"정말 감사했어요. 아저씨. 안드레아에게도 안부 전해 주세요."

"그래, 너희들이 하고자 하는 일이 잘되기를 바란다."

안드레아의 아빠와 아이들은 짧게 인사를 나누고 헤어졌다.

다음 날, 아이들은 아침을 먹으면서 갈렐레오 아저씨에게 배운 내용과 관찰한 내용을 논리적으로 정리했다. 그리고 잊지 않기 위해 여러 번 소리 내어 읽으면서 머릿속에 넣었다. 아이들은 지금까

지 이렇게 열심히 공부를 해 본 적이 없었다. 어느새 밤이 깊었다.

"내일 밤이면 금성이 가장 동그란 모양을 하는 날이야."

덕대가 망원경을 보며 말했다.

"음, 내일 이걸 사람들에게 보여 줄 수 있으면 좋겠는데."

중훈이가 둥근 모양에 가까운 금성을 보며 말했다.

"재판관이 밤까지 기다려 줄까?"

지욱이가 걱정스러운 목소리로 말했다.

"우리가 밤까지 재판이 끝나지 않도록 해야지."

덕대의 말에 중훈이와 지욱이는 동시에 엄지를 척 올렸다.

드디어 재판이 열리는 날이 밝았다. 하늘은 구름 한 점 없이 쾌청했다. 곳곳에서 사람들이 재판을 보러 몰려왔다. 갈릴레오 아저씨를 재판에 세운, 천동설을 주장하는 과학자들도 패를 지어 성당으로 들어갔다.

"우리도 얼른 들어가자."

덕대가 앞장섰다.

"어린이들은 들어갈 수 없다!"

세 아이들은 입구를 지키는 경비에게 잡혀서 안으로 들어갈 수 없었다. 재판장에는 누구나 들어가는 줄만 알았던 아이들의 눈앞이 갑자기 캄캄해졌다.

"아저씨, 우린 꼭 들어가야 해요!"

"안 돼!"

중훈이가 이야기했지만 아무런 소용이 없었다.

시간은 점점 흘러갔다. 아이들은 초조해졌다. 중훈이는 이러다가 갈릴레오 아저씨를 영영 못 보게 될지도 모른다는 생각에 눈가에 눈물이 고였다. 덕대도 지욱이도 침통한 표정이었다. 천동설이 옳지 않다고 주장할 준비를 다 했는데 뚜껑도 못 열게 생겼다.

한참 후, 재판장에서 사람들이 나왔다.

"재판이 끝났나요?"

지욱이가 안에서 나온 사람을 붙잡고 물어보니 잠시 재판을 쉬는 시간이라고 했다.

"중훈아, 덕대야. 이리 와 봐."

지욱이는 아이들의 귀에 대고 속삭였다.

"너희들 월식 알지?"

"응."

"우린 지구에 가린 달이 되어 재판장으로 들어가는 거야."

"좋은 생각이야!"

아이들은 쉬는 시간이 끝나자 재판장으로 들어가는 남자 옆에 나란히 서서 남자와 발걸음을 맞추었다. 그랬더니 경비의 눈에 띠

지 않고 안으로 무사히 들어갈 수 있었다.

다시 재판이 시작되었다.

"그렇다면 피고 갈릴레오는 지구가 태양의 주위를 돌고 있다고 확신하는가?"

재판관이 갈릴레오 아저씨에게 물었다.

"물론입니다. 지금까지 제가 말씀 드린 것처럼 목성의 주위를 돌고 있는 네 개의 위성과 금성의 역행 현상을 천동설로는 설명할 수 없습니다."

들 중에 갈릴레오 아저씨의 편을 드는 사람은 아무도 없었다.

"아닙니다. 전 신실한 카톨릭 신자입니다. 지동설로 천체의 움직임을 설명해도 성경에 전혀 문제가 되지 않습니다."

"재판관님. 피고 갈릴레오는 지금 전혀 반성하는 모습을 보이지 않습니다. 이것은 그가 이단자가 틀림없다는 증거입니다. 고로 갈릴레오를 극형에 처하시는 것이 옳다고 생각합니다."

과학자들은 갈릴레오를 극형에 처해 달라고 말했다.

"아닙니다. 재판관님. 천동설을 지금 당장 증명하기 어렵듯이 지동설도 지금 당장 증명할 수 없지만 갈릴레오가 말하는 것이 신의 뜻을 거스르는 것은 아니니 부디 선량한 과학자를 선처해 주십시오."

변호인 측에서 호소했지만 재판관의 마음은 이미 기울어 있었다. 갈릴레오가 지동설을 부정하기 전에는 그를 용서할 생각이 전혀 없었다.

청중들도 의견이 분분했다. 청중들이 수군거리는 소리가 점점 커졌다.

그때 세 아이들이 앞으로 뛰쳐나왔다.

"재판관님."

덕대와 중훈이와 지욱이는 동시에 재판관을 불렀다.

"아니, 너희들은 누구냐?"

"저희는 갈릴레오 아저씨의 제자들입니다."

중훈이가 용기 있게 말했다.

"제자들이라고? 너희처럼 어린아이들이?"

재판관의 말에 사람들은 어린이를 제자로 둔 갈릴레오를 비아냥거리기 시작했다.

"여러분, 저희들의 말에 귀를 기울여 주세요!"

덕대가 재판장이 떠나가라 큰 소리로 외쳤다.

그러자 주위가 조용해졌다.

"재판관님, 만약에 저희들이 지동설을 증명하지 못하면 저희도 갈릴레오 아저씨와 함께 벌을 받도록 하겠습니다."

중훈이는 어떤 벌도 받을 각오가 된 표정이었다.

"얘들아, 그건 안 돼!"

갈릴레오 아저씨는 아이들이 벌을 받게 둘 수 없었다.

"괜찮아요, 아저씨. 저희는 천동설이 잘못되었다는 걸 확실히 증명할 수 있어요."

지욱이가 당당하게 말했다.

"그래, 어디 들어나 보자꾸나."

아이들의 당찬 행동이 재판관의 마음을 움직였는지 재판관은 아이들에게 변론할 기회를 주었다.

중훈이는 갈릴레오 아저씨에게 배운 것을 생각하며 금성의 위상에 대해 설명하기 시작했다. 금성이 지구 주위를 돌 때 보름달 모양의 위상이 금성에 생길 수 없는 이유를 조목조목 사람들에게 설명했다.

지욱이는 중훈이의 말에 딱딱 맞추어 종이 위에 그림을 그려 나갔다.

"금성이 태양과 지구 사이에서 지구 주위를 돈다면 금성은 절대로 보름달처럼 둥근 모습으로 보일 수 없습니다. 가장 클 때의

모습도 반달보다 작아요. 하지만 금성이 태양 주위를 돌고 지구가 그 바깥에 있으면 금성이 둥근 모양을 가질 수 있게 됩니다."

중훈이는 떨지 않고 이야기를 이어 나갔다.

"금성이 태양의 주위를 돌고 있을 때, 지구는 그냥 금성 밖에 있는 게 아니라 지구 역시 태양의 주위를 돌고 있는 것입니다. 이렇게 되면 주전원도 필요가 없게 되는 것이죠."

중훈이의 말을 들은 과학자들은 순간 머리를 망치로 세게 한 방 맞은 기분이 들었다.

"갈릴레오의 제자들이 그냥 어린이인줄 알았는데 정말 대단하군."

"그러게 말이야. 어린아이들을 저 정도 수준으로 가르쳤다니, 정말 놀라워."

재판장 안의 사람들이 갈릴레오 아저씨를 두둔하기 시작했다.

"그렇지만 너희들의 말을 어떻게 믿을 수가 있니? 금성의 위상이 둥근 모양이라는 걸 모두가 알 수 있게 증명해야 그 말이 진실이 되겠지."

과학자들이 반론을 제기했다.

"맞는 말씀입니다. 물론 그걸 증명하지 못하면 저희들의 논리는 아무런 의미가 없게 되겠죠."

중훈이의 말을 들은 과학자들은 아이들이 절대 증명할 수 없을 것이라고 생각했다.

"하지만 그런 걱정은 하지 않으셔도 됩니다. 바로 오늘 밤 저 하늘이 증인이 되어 줄 겁니다."

덕대가 망원경 네 개를 어깨에 멘 채 하늘을 향해 손을 뻗었다.

"뭐, 뭐라고?"

과학자들이 흥분해서 벌떡 일어섰다.

"여기, 갈릴레오 아저씨가 만든 망원경이 있습니다. 하나는 재판관님이 보시고, 두 개는 천동설을 지지하는 과학자들이 보시고, 마지막 하나는 청중들이 보시면 되겠네요."

덕대가 망원경을 나눠 주며 말했다.

재판관은 일단 별이 뜰 때까지 재판을 연기하기로 했다.

사람들은 모두 성당 밖 정원으로 나왔다. 아이들은 망원경을 설치하는 방법을 알려 주었다. 갈릴레오 아저씨도 경비의 감시를 받으며 정원의 한쪽으로 나왔다.

해가 저문 지 얼마 되지 않았지만 금성을 볼 수 있을 정도로 어둠이 내려앉았다. 지욱이는 재판관이 금성을 볼 수 있게 도왔고, 중훈이와 덕대는 천동설을 지지하는 과학자들을 도왔다. 청중들은 갈릴레오 아저씨에게 망원경을 들고 가서 금성을 보여 달라고 말했다.

금성의 모습이 망원경을 통해 재판관의 눈에 들어왔다. 재판관은 난생 처음 보는 금성의 모습에 한동안 아무 말도 하지 못했다.

"재판관님. 금성의 모습을 보니 어떠신가요?"

덕대가 넉살좋게 물었다. 재판관은 그제야 정신을 가다듬었다.

"그, 그래. 정말 금성이 둥근 모양이로구나."

금성의 아름다움에 빠진 재판관은 여전히 망원경에서 눈을 떼지 못했다.

과학자들 역시 금성의 모습에 속으로 감탄했지만 아무도 말을 하지 않았다. 청중들은 금성을 보는 족족 환호를 외쳤다. 이 분위기가 지속된다면 재판관이 갈릴레오 아저씨의 무죄를 선고하는 일만 남은 셈이었다.

재판관은 과학자들과 먼저 안으로 들어갔다. 그들은 안에서 머리를 맞대고 모의를 했다. 그런 뒤 재판관은 다시 사람들을 안으로 불렀다.

"이제 판결을 내리겠소!"

아이들은 기대에 찬 표정으로 재판관을 바라보았다.

"망원경으로 본 금성의 모양이 왜곡되었을 수 있기 때문에 천동설이 잘못되었다는 것은 확인할 수가 없다. 따라서 피고 갈릴레오에게 유죄를 선고한다. 신의 뜻을 가로막는 지동설을 지지한 죄를 지은 갈릴레오 갈릴레이를 종신형에 처하도록 한다. 하지만 지금 이 자리에서 지구가 도는 것이 아니라 하늘이 돈다는 것을 인정하면 그 죄를 면하게 해 주겠다."

재판관의 말이 떨어지자 청중들이 크게 동요했다. 모두 판결이 말이 안 된다며 웅성거렸다.

갈릴레오 아저씨는 결과를 예상했다는 듯이 담담한 표정을 지었다.

"말도 안 돼!"

아이들은 판결이 불공정하다고 항의했다.

"재판관님. 갈릴레오의 제자들도 천동설을 부인했으니 이들도 벌을 주는 것이 마땅하다고 생각합니다."

과학자들은 아이들에게 당한 것이 분했는지 아이들까지 잡아넣어야 한다고 말했다.

재판관은 어떻게 판결을 해야 할지 고민스러웠다.

한편 자기만 벌을 받을 줄 알았던 갈릴레오 아저씨는 아이들까지 벌을 받을지 모른다는 생각에 고민이 깊어졌다. 하지만 생각할 시간이 많지 않았다. 아저씨는 두 눈을 질끈 감았다 뜨고는 자리에서 일어났다.

"재판관님."

갈릴레오 아저씨는 천천히 입을 뗐다.

"어서 말하시오."

"저, 갈릴레오 갈릴레이는 지금 이 자리에서 지구가 도는 것이 아니라 하늘이 도는 것을 인정합니다."

"알겠소."

아저씨의 말 한마디로 재판은 끝이 났다.

천동설을 주장하는 과학자들은 갈릴레오 아저씨의 항복을 받은 걸로 만족하는 듯했고, 재판을 구경하던 사람들은 판결에 문제가 있다며 웅성거렸다.

아이들은 그만 그 자리에서 울음을 터뜨렸다.

갈릴레오 아저씨는 아이들에게 다가가 달래 주었다.

"고맙다. 애들아! 너희들이 나를 이렇게 소중하게 생각하는 줄 미처 몰랐어."

"아니에요, 아저씨! 저희가 아저씨뿐 아니라 아저씨의 이론도 지켜 주고 싶었는데……."

중훈이는 다시 울음을 터뜨렸다.

갈릴레오 아저씨는 아이들을 달래서 밖으로 나왔다.

밤하늘의 별이 아이들과 갈릴레오 아저씨의 마음을 다독이듯 밝게 빛을 내고 있었다.

"그런데 아저씨. 마음이 바뀐 건 아니죠?"

덕대가 씨익 웃으며 물었다.

"물론이지. 비록 재판장에서 말은 그렇게 했지만, **그래도 지구는 돌고 있단다.**"

"그 사실은 저희뿐 아니라 오늘 재판장에 있었던 사람들 모두가 알 걸요?"

"하하하!"

지욱이의 말에 아저씨는 모처럼 호탕하게 웃었다.

그 웃음에 아이들도 크게 웃었다.

왕따를 해결하는 공식
• 태양도 자전을 한다 •

지욱이, 아니 세 아이 모두에게는 아직 해결해야 할 숙제가 남아 있었다. 지욱이는 이제 현인을 찾는 일은 그만두었다. 왜냐하면 이미 그를 만났기 때문이다. 알고 보니 그 현인의 이름이 '갈릴레오 갈릴레이'였다는 것이다. 하지만 아이들 모두 왕따를 해결하는 공식을 찾아내고 싶었다. 지구가 돌고 있다는 것을 증명하고 나니 심각한 왕따 문제도 해결할 수 있을 것 같았기 때문이다.

"얘들아, 이리 나와 보렴."

당대의 최고 현인 갈릴레오 아저씨가 아이들을 불렀다.

망원경의 대물렌즈가 검정색으로 바뀌어 있었다.

"아저씨, 앞쪽 렌즈를 왜 검정색으로 바꾸셨어요?"

덕대가 망원경의 앞을 바라보며 말했다.

"오늘은 태양을 관찰하려고 한단다."

"태양을요?"

아이들은 깜짝 놀랐다.

"태양을 그냥 바라보면 시력이 손상될 수 있기 때문에 이렇게 검정색으로 된 렌즈를 앞에 하나 더 끼우는 거야."

아저씨는 경통 앞쪽에 새로 끼운 렌즈를 가리켰다.

"정말 태양이 보이나요?"

"직접 보면 되지 않을까?"

중훈이가 먼저 망원경에 눈을 댔다.

"우아! 태양이 빨간색이네요."

"태양의 색깔은 앞에 덧댄 렌즈의 색깔에 따라 달라지게 마련이야. 실제로는 어떤 색인지 정확하게 알기 어려워."

"아저씨, 여기도 하나 끼워 주세요."

덕대가 자기 망원경을 내밀며 말했다.

"물론이지. 그렇지 않아도 순서대로 모두 끼울 생각이었어."

갈릴레오 아저씨는 덕대와 지욱이의 망원경에 검정색 렌즈를 달아 주었다.

"이야! 태양을 이렇게 볼 수 있다니 정말 신기해요. 태양이 너무 커서 망원경에 모두 들어오지 않아요."

지욱이가 입을 떡 벌리며 말했다.

"태양은 원래 망원경 없이 봐도 잘 보여. 하지만 오늘은 특별한 걸 관찰하려고 망원경으로 보려는 거야."

"특별한 거라고요?"

중훈이가 망원경에 다시 눈을 대며 말했다.

"그래, 너희들이 한번 찾아보렴."

아이들은 갈릴레오 아저씨가 말한 특별한 것을 찾기 위해 태양을 꼼꼼하게 관찰했다.

"아저씨, 태양도 행성인가요?"

"태양은 스스로 빛을 내는 별이기 때문에 행성이 아니라 항성이란다. 행성은 항성의 주위를 도는 별을 말해."

"그럼 행성 주위를 도는 별은 위성이죠? 달이 지구의 위성이듯이 말이에요."

"그렇지. 중훈이는 아는 게 꽤 많구나."

아저씨와 중훈이가 이야기하는 사이에 지욱이는 태양에서 무언가를 찾았는지 망원경을 미세하게 움직이며 태양을 살폈다.

"아저씨, 태양에 검은 점 몇 개가 보이네요."

"지욱이가 특별한 것을 찾았구나."

"이게 아저씨가 말씀하신 것인가요?"

"그래, 그게 바로 태양의 흑점이란다."

"흑점이오? 혹시 다른 행성이 태양 앞을 지나서 어둡게 보이는 건 아닐까요?"

지욱이가 갈릴레오 아저씨에게 되물었다.

"그렇게 생각할 수도 있겠구나. 하지만 내가 지난 몇 주간 관찰해 본 결과, 흑점이 태양의 표면에서 서쪽에서 동쪽으로 점차 이동하는 것을 알아냈지. 게다가 태양 표면을 따라 이동하면서 흑점의 크기나 개수도 달라지는 것을 확인했단다."

"그런데 그동안 다른 사람들은 태양을 관찰한 적이 없었을까요?"

지욱이가 말했다.

"물론 있었겠지. 예로부터 사람들은 태양을 완전한 존재로 생각해 왔단다. 그래서 태양신을 숭배하는 사람들도 많았어. 지금도 아리스토텔레스를 신봉하는 사람들은 태양이 완전한 구이며 한 점의 흠도 없이 밝게 빛난다고 믿고 있지. 그래서 태양의 흑점을 봤더라도 그냥 지나쳤을 확률이 높아. 하지만 너희들도 지금 보았듯이 뜨겁고 밝게 빛나서 바라보기조차 힘든 태양도 자세히 들여다보면 밝지 않은 부분이 있다는 거야."

덕대와 중훈이도 흑점을 찾기 위해 태양을 다시 살펴보았다.

"정말 검은 부분이 보이네요. 그것도 한두 개가 아니고 여러 개예요."

"태양의 흑점은 태양에서 온도가 낮은 곳이야. 하지만 다른 곳보다 온도가 낮을 뿐이지 차가운 건 아니란다. 너희들도 흑점을 매일 관찰하면 흑점이 일정하게 한쪽 방향으로 움직이는 것을 볼 수 있단다."

"그럼 태양도 자전을 한다는 말이군요. 지구처럼 말이에요."

중훈이가 손뼉을 치며 말했다.

"그래, 중훈이 말처럼 태양도 자전을 하고 있단다. 어쩌면 지금 너희가 알게 된 사실들이 왕따를 해결하는 실마리가 될지도 모르겠구나."

"왕따를 해결하는 공식을 만들 수 있다는 말씀이죠?"

아저씨는 말 대신 방긋한 웃음으로 답했다.

"난 흑점을 보니 아무리 완벽해 보이는 사람이라도 부족한 점이 있다는 생각이 들어."

중훈이가 흑점을 바라보며 말했다.

"모든 사람에게는 부족한 점이 있다는 말이겠지?"

지욱이가 중훈이의 말을 풀이했다.

"그럼 우린 모두 부족한 사람들이라는 뜻?"

덕대의 말에 세 아이들은 손을 들어 손뼉을 마주쳤다.

"왕따를 해결하는 공식을 만들려면 왕따를 시키는 이유와 왕따를 당하는 이유를 모두 알아야 할 거야. 왕따를 시키는 이유는 자기와 다른 특성을 가진 친구나 자기보다 약한 친구를 동등한 존재로 여기지 않고 무시하거나 함부로 대했기 때문이지. 또 왕따를 당하는 이유는 자기가 소중하다고 느끼지 못하거나 자기보다 힘이 센 친구들의 위협을 이겨낼 힘이 없기 때문이겠지."

아이들은 조용히 아저씨의 말에 귀를 기울였다.

아저씨는 태양을 중심으로 공전하는 행성과 위성을 그렸다.

"우리가 언뜻 보기에는 태양이 가장 소중하고 중요한 존재처럼 보일지도 몰라. 하지만 태양 주위를 돌고 있는 지구나 금성을 비롯한 많은 행성들과 위성들이 없다면, 태양 역시 아무런 의미 없이 혼자 빛나는 왕따에 불과할 거야. 그렇기에 태양계의 모든 항성, 행성, 위성은 그 어느 것도 소중하지 않은 것이 없어. 다시 말하면 가장 밝게 빛나는 태양부터 지구의 주위를 도는 달까지 모두 우열을 가릴 수 없는 존재들인 것이지."

아저씨의 말을 들은 중훈이와 덕대는 자신들이 괴롭혔던 지욱이를 비롯한 다른 친구들이 얼마나 소중한지 다시 한 번 깨달았다. 또 지욱이도 자기가 얼마나 소중한 존재인지 마음 깊이 느꼈다.

"이 세상 어느 누구도 사람에게 그 무엇을 가르칠 수는 없단다.

다만, 다른 사람이 스스로 그걸 발견할 수 있도록 도울 뿐이지. 친구를 따돌리지 말아야 한다는 말을 해 주고, 그것을 충분히 깨달을 수 있는 방법을 일러 주어도 그 사람이 그것을 깨닫지 못하면 변하는 것은 없단다."

아이들이 갈릴레오 아저씨와 이야기하는 사이에 태양은 지평선 아래로 내려가고 달과 별들이 하늘에 반짝거렸다.

"왕따를 해결하는 공식은 바로 '나=너'란다. 너희들 셋은 이 공식처럼 모두를 이해하고 서로가 소중하다는 것을 늘 잊지 않는 사람이 되기를 바란다."

"네. 아저씨!"

아이들의 목소리가 밤하늘에 우렁차게 울려 퍼졌다. 아저씨는 아이들이 눈치채지 못하게 천체 시계의 버튼을 눌렀다.

밤하늘에 별똥별이 날아들기 시작했다. 그런데 자세히 보니 방향이 지난번과 반대였다. 위에서 떨어지는 별똥별이 아니라 하늘로 올라가는 별똥별들이었다.

아이들은 신기해서 멍하니 별똥별만 바라보았다.

"어? 아저씨가 보이지 않네?"

"정말?"

"비밀 천문대도 없어."

아이들이 선 곳은 처음 지욱이가 사라졌던 곳이었다.

시간도 그날 밤 12시로 돌아가 있었다.

"지욱아!"

"중훈아, 덕대야!"

아이들은 서로 부둥켜안았다. 그리고 가슴 깊이 느낀 것을 영원히 잊지 않기로 다짐했다.

밤하늘에 유난히 빛나는 별이 하나 보였다. 아이들은 그 별을 갈릴레오 별이라고 부르기로 했다.

다음 날, 지욱이가 교실에 들어서는데 칠판 앞에 아이들이 몰려 있었다. 지욱이는 무슨 일인지 궁금해서 아이들 사이를 비집고 칠판 앞으로 나아갔다.

칠판에는 중훈이의 사과 편지가 쓰여 있었다. 편지를 읽는 지욱이의 눈시울이 살짝 붉어졌다.

"지욱아."

중훈이와 덕대가 지욱이를 바라보며 활짝 웃었다.

"중훈아, 덕대야."

"참, 이거 깜박할 뻔했네."

중훈이는 지욱이에게 아빠의 지갑을 건네주었다.

별보다 소중한 나의 친구들에게

얘들아, 그동안 너희들을 못살게 굴어서 정말 미안해.
특히, 지욱이와 형석이에게는 입이 열 개라도 할 말이 없구나.
대신 그동안 빼앗아 먹은 불떡, 오늘부터 내가 매일 사 줄게.
다른 친구들도 먹고 싶으면 언제든 이야기해.

사실 어제 저녁 별똥별이 떨어지던 날, 난 특별한 사람들과
별들을 관찰하며 그동안 내가 얼마나 잘못했었는지 진심으로
깨달았어.

온 우주에 소중하지 않은 별이 하나도 없듯이 우리 반에도 소
중하지 않은 사람이 없다는 걸 말이야.

앞으로 매일 떠오르는 태양처럼 변함없이 너희들을 아끼고
사랑하며 살아갈게.

2000년 00월 00일 종훈이가.
P.S 덕대도 나와 생각이 같다고 전해 달라네. ㅋㅋ

"미안해. 지욱아, 앞으로 정말 멋진 행동만 하는 사람이 될게."

중훈이는 지욱이 앞에 무릎을 꿇었다.

"왜 이래 중훈아. 난 이미 그날 너와 형제나 다름이 없는 사이가 되었다고 생각했는데."

지욱이가 중훈이를 일으켜 세우며 말했다.

"고마워, 지욱아."

교실에 있던 아이들은 박수를 치며 두 아이의 화해를 축하했다.

그날 밤 중훈이는 별똥별이 앞산에 우수수 떨어지는 것을 보며 갈릴레오 아저씨의 얼굴을 떠올렸다. 중훈이는 아저씨가 이번에는 누구를 만나 어떤 문제를 해결할지 궁금했다.

근대 과학의 혁명을 이끈
갈릴레오는 어떤 사람일까?

과학교육자 박상우

1. 갈릴레오의 생애

 가톨릭 신자로서 수학에 빠지다

갈릴레오 갈릴레이는 1564년 2월 15일, 이탈리아의 피사라는 도시의 귀족 가문에서 태어났습니다. 갈릴레오의 아버지는 원래 귀족이었지만 옷감 무역을 하는 사업가이자 궁중 음악 이론가로 살아갔습니다. 아버지는 권력자들에게 비판을 잘하고 자기주장이 강한 사람이었는데 이 성격은 훗날 갈릴레오의 삶에 많은 영향을 주었다고 합니다.

갈릴레오가 어렸을 때 아버지의 사업은 점차 기울어 생활이 매우 어려워졌습니다. 열 살이 될 무렵 갈릴레오 가족은 피렌체로 이사했고 갈릴레오는 바론브로사 수도원 부속 학교에서 3년간 교육을 받았습니다. 이때 갈릴레오는 가톨릭에 심취해 수도자가 되려는 마음까지도 갖게 됩니다. 그런데 아버지는 갈릴레오가 좀 더 부자가 되기를 원했기에 의사가 되기를 바랐습니다. 갈릴레오는 아버지의 권유에 따라 1581년 피사대학교에서 의학 공부를 시작했습니다.

그런데 갈릴레오는 대학에서 배우는 의학보다 수학에 흥미를 더 느꼈습니다. 성당 천장에 매달려 있는 램프가 바람에 흔들려 왕복하는 시간이 항상 일정하다는 것을 관찰한 뒤 '진자의 등시성 원리'라는 규칙을 발견했습니다. 이 원리를 발견하면서 갈릴레오는 수학에 더욱 흥미를 갖게 되었고, 스물한 살이 되던 해에 더 이상 의학을 공부하지 않기로 하고 다니던 대학교를 그만두었습니다.

대학에서 수학과 과학을 연구하다

1585년 갈릴레오는 피렌체로 되돌아가서 수학과 과학을 배우는 새로운 인생을 시작했습니다. 아버지의 친구이자 수학자인 오스틸리오 리치에게 수학과 과학을 배우고 밤에는 귀족의 자녀를 가르치는 가정교사 일을 하면서 수학과 과학을 열심히 공부했습니다. 그러면서도 틈틈이 논문을 쓰기도 했습니다.

1589년 갈릴레오는 스물세 살이 되던 해에 자신의 모교인 피사대학교에서 수학과 교수직을 맡게 됩니다. 수학과 과학 공부를 하던 중에 썼던 논문들이 인정을 받은 결과였습니다. 신참 교수였기 때문에 봉급이 매우 적어 과외 교사를 계속 해야 했지만, 시간을 쪼개어 〈운동에 대하여〉라는 논문을 썼습니다. 이 논문에서 갈릴레오는 수직으로 떨어지는 물체의 운동에 대한 아리스토텔레스의 이론이 잘못되었음을 증명했습니다.

갈릴레오는 토론이나 논쟁을 매우 좋아했습니다. 대학교를 다니던 시절에 그의 별명은 '논쟁꾼'이었으며 늘 동료 학생들이나 강사들과 논쟁을 하곤 했습니다. 이 때문에 복잡한 것을 좋아하지 않는 친구들은 갈릴레오와 논쟁하는 것을 피하려고 했다고 합니다.

1591년 갈릴레오가 피사대학교에서 학생들을 가르치던 무렵, 그는 강한 주장과 급진적인 과학 의견 때문에 동료 교수들과 심각한 갈등을 빚기도 했습니다. 그는 거만한 태도로 선배들을 조롱하며 그들이 고대 그리스 철학자들의 생각에 노예처럼 매어 있다고 비난했습니다. 그 결과 갈릴레오에 대하여 좋지 않은 감정을 지닌 교수들이 많아지게 되었고, 1592년 갈릴레오는 대학교의 교수직 계약 기간이 끝나자마자 대학교로부터 해고를 당했습니다. 그러나 다행히도 그 해에 갈릴레오는 파도바대학교의 수학 교수가 됩니다. 파도바대학교는 그 당시 유럽에서 매우 유명한 대학교 중의 하나였습니다. 이 대학교에서 갈릴레오는 18년 동안 재직하면서 기하학, 프톨레마이오스의 천문학을 가르쳤으며, 수학을 응용하여 군사 기술 입문서와 천구론, 건축 이론, 기계 이론 등에 관련된 책을 집필했습니다.

천문학에 빠지다

13세기부터 이탈리아에서는 이미 안경이 발명되어 사용되었다고 합니다. 볼록렌즈 두 개를 겹쳐 보면 멀리 있는 사물이 더 잘 보이게 되는 현상도 사람들에게 자연스럽게 알려지게 되었을 것입니다. 1609년 갈릴레오는 네덜란드를 여행하던 중 망원경을 처음 알게 되었습니다. 대학교로 돌아온 후 갈릴레오는 시장에서 산 조잡한 망원경을 개량하여 배율이 높은 망원경을 만들었습니다. 자신이 개발한 망원경으로 갈릴레오는 천체 관측 연구를 시작하게 되었습니다.

갈릴레오가 처음 개발한 망원경으로 목성을 관측했을 때 그는 목성 주위에 밝은 별 세 개가 정지해 있는 모습을 보았습니다. 그 별들이 무엇인지 궁금했던 갈릴레오는 낮에는 망원경의 성능을 개선시키는 연구를 계속하고 밤에는 천체 관측을 했습니다. 갈릴레오는 점차 성능이 좋은 망원경으로 천체를 관측하게 되었고, 이상하게도 목성 주위의 밝은 별이 목성 근처를 떠나지 않고 계속 사라졌다가 나타났다가를

반복하는 모습을 찾아냈습니다.

갈릴레오가 목성을 처음 관측할 때는 프톨레마이오스의 천동설만이 옳은 설명이라고 인정받던 때라 그 누구도 목성이 그 주변에 다른 별을 끌고 다닐 것이라고는 상상하지 못했습니다. 천동설에 따르면 지구는 우주의 중심이고 그 둘레를 달, 태양, 다른 별이 원을 그리면서 돌고 있다는 것입니다. 그런데 만일 목성이 그 주변의 다른 별을 끌고 다닌다면 지구만이 다른 별을 끌고 다닌다는 천동설을 반박하는 매우 중요한 관측 결과가 되는 셈입니다. 1610년에 갈릴레오는 목성 주위를 도는 별은 목성의 위성임을 밝혀냈습니다.

1610년 9월부터 갈릴레오는 금성이 달처럼 모양이 변해 보일 뿐만 아니라 크기도 변한다는 사실을 알아냈습니다. 또 달의 표면에 분화구 모양의 지형이 있음을 관찰하고, 분화구의 높이도 계산해 냈습니다. 또 달 표면에 있는 거의 모든 지형을 정확하게 스케치해 기록하기도 했습니다.

갈릴레오는 토성도 관측했습니다. 토성은 지구로부터 좀 더 멀리 떨어져 있어서 토성의 고리를 정확하게 관찰하는 것이 좀 어려웠습니다. 갈릴레오 망원경으로는 토성의 고리가 몇 개인지 정확하게 세는 것은 불가능했습니다만, 갈릴레오는 매주 고리의 모습이 달라지는 것을 알게 되었습니다.

가장 획기적인 관측은 태양이었습니다. 갈릴레오는 태양의 표면에서 까만색의 얼룩점을 발견했는데, 그것을 흑점이라고 합니다. 흑점이 태양 표면에서 서쪽에서 동쪽으로 이동하면서 모양이나 개수가 달라지는 것까지 관찰했습니다. 당시의 사람들이 믿던 대로 태양이 신이 만든 완벽하고 신성한 것이라면 태양의 표면에 얼룩이 있거나 그 얼룩의 모습이 변하는 것은 있을 수 없는 일이었습니다. 그런데 망원경으로 관측해 보니 태양 표면에 얼룩이 나타났으므로 둘 중의 하나는 잘못되었던 것이지요. 망원경이 잘못된 기구이거나 태양이 완벽하지 않거나.

  1610년 갈릴레오는 자신의 천체 관측 결과를 이용해 코페르니쿠스의 지동설에 찬성하는 책을 펴냅니다. 또 로마를 방문하여 당시 뛰어난 철학자들과 수학자들에게 자신의 망원경에 대하여 설명하고 프톨레마이오스의 천동설과 코페르니쿠스의 지동설 중에서 어떤 이론이 옳은 것인지를 토론하고자 했습니다.

 **가톨릭교회와 대립하다**

갈릴레오가 살던 시대의 사람들은 코페르니쿠스의 지동설이 옳지 않을 거라고 생각하고 있었습니다. 프톨레마이오스의 천동설은 모순이 약간 있지만 지동설보다 더 완벽해 보였고, 코페르니쿠스 지동설은 너무 복잡했기 때문입니다. 신은 복잡한 것을 싫어한다는 당시의 사람들의 생각도 한몫했습니다. 로마 가톨릭교회의 사제들은 우주의 중심은 태양이고 지구는 태양을 중심으로 공전한다는 갈릴레오의 의견에 대하여 맹비난했습니다. 또 갈릴레오의 이론들은 위험하며 이단에 가깝다고 주장했습니다. 갈릴레오의 방어에도 불구하고 가톨릭교회의 추기경은 갈릴레오에게 코페르니쿠스의 지동설에 찬성하지도 말고, 다른 사람에서 가르치지도 말 것을 명령했습니다.

1632년 예순 여덟 살이 된 갈릴레오는 가톨릭교회가 명령한 대로 자신의 집에서 나오지 못하는 벌을 받고, 그가 천구의 운동에 관련하여 집필한 책들을 사람들이 읽지 못하도록 하라는 명령을 받았습니다. 갈릴레오는 1634년부터 피렌체 교외에 있는 자신의 별장에만 머물렀고, 1638년에는 두 눈을 실명하고 탈장과 불면증으로 고통을 받았습니다. 병이 깊어지자 가톨릭교회는 갈릴레오가 피렌체로 되돌아오는 것을 허락했습니다. 갈릴레오는 1642년에 세상을 떠날 때까지 자신을 방문하는 여러 제자와 다른 학자들에게 자신의 과학적 발견에 대하여 대화하고 토론했습니다.

 **갈릴레오의 과학적 업적**

갈릴레오는 근대 과학의 아버지, 근대 물리학의 아버지라고 불립니다. 갈릴레오가 독보적으로 뛰어난 과학 이론을 찾아낸 과학자는 아니지만, 처음으로 자연 현상을 과학적 방법으로 관찰하고 설명하려고 했기 때문입니다. 그 당시의 종교와 철학을 연구하던 많은 학자들과 달리 갈릴레오는 자연 현상을 직접 관찰하고 수학과 논리학으로 설명하려 했습니다. 수직으로 떨어지는 물체의 운동을 가속도라는 개념으로 설명하여 아리스토텔레스의 운동에 관한 설명을 반박한 것과, 운동하는 물체가 관성이라는 성질을 나타낸다는 설명은 물리학에서 매우 유명한 이론입니다. 이 과학 이론은 물리학을 공부할 때 기초가 되는 것인데, 이 이론으로부터 근대 물리학이 태어났다고 해도 과언이 아닙니다.

그 당시 많은 학자들은 고대 철학자인 프톨레마이오스나 아리스토텔레스의 생각에 어떤 의심도 품지 않았으며 교황청이나 가톨릭교회를 지키기 위해서 그들의 교리를 두둔하기만 했습니다. 아버지로부터 이어받은 권위에 대한 도전 의식과 비판적인 태도는 갈릴레오를 거침없이 새로운 세계로 이끌어 갔습니다. 아리스토텔레스와 프톨레마이오스의 이론에 찬성하는 많은 학자들의 주장을 반박했고, 코페르니쿠스의 지동설에 찬성함으로써 교황청과 가톨릭교회와 대립했습니다. 갈릴레오는 가톨릭교회가 주관하는 종교 재판을 받고 지동설을 포기하도록 명령받았는데, 때로는 지동설을 포기하겠다고 선언하기도 하였지만 《황금 측량자》《천문학 대화》라는 책을 계속하여 집필하면서 끝내 지동설을 주장하기도 했습니다.

 천문학 분야에서 갈릴레오의 공적은 위대합니다. 갈릴레오는 역사상 처음으로 천체 망원경을 만들어서 천체 현상을 정밀하게 관측했습니다. 목성의 위성을 발견하고 금성의 위상을 관찰했으며 달 표면을 정밀하게 관찰하여 기록했습니다. 태양의 흑점을 정교하게 관측하고 태양이 완벽한 천체가 아님을 밝힌 것도 갈릴레오의 중요한 연구 결과입니다. 이 때문에 갈릴레오는 근대 관측 천문학의 아버지라고 불리기도 합니다.

2. 갈릴레오의 삶에서 배울 점

 권위에 대한 도전과 비판

과학자는 다른 사람들이 생각하지 못한 새로운 생각을 합니다. 이 때문에 외로워지기도 하지만, 역사적으로 큰 공적을 남기기도 합니다. 갈릴레오가 논쟁이나 토론을 좋아하는 것은 아버지의 영향을 받은 것입니다. 논리적이고 합리적으로 생각하여 맞지 않으면 질문하고 비판하려는 태도는 다른 사람들을 괴롭게 만들기도 했지만, 그 때문에 새로운 발전을 이끌어 내기도 했습니다. 갈릴레오의 비판적인 태도 덕분에 인류는 과학의 시대로 들어서게 되었으며, 뉴턴, 호이겐스, 패러데이 등과 같은 위대한 과학자의 시대로 연결되었습니다.

 끊임없는 연구 정신

세계 최초로 망원경을 사용한 사람은 갈릴레오가 아니었습니다. 네덜란드 여행에서 망원경을 처음 본 갈릴레오는 대학교로 돌아온 즉시 망원경을 개발했습니다. 처음 개발한 망원경은 배율이 3배 정도였지만 실험과 관측을 거듭하면서 점차 망원경을 정밀하게 개발했습니다. 나중에는 배율이 30배나 되는 망원경을 만들기도 했습니다.

갈릴레오의 연구 정신은 목성의 위성이나 금성의 위상 변화, 달의 표면을 관측할 때에도 나타났습니다. 그의 관측 기록은 늘 이제까지 사람들이 믿어 왔던 것과 일치하지 않는 것이었기 때문에 잘못된 관측이나 기록처럼 보여졌을 것입니다. 그러나 갈릴레오는 포기하지 않고 늘 항상 정교하게 관찰하려 했습니다. 그래서 그의 생각에 반대하는 학자들에게조차 큰소리로 주장할 수 있는 연구 결과를 얻을 수 있었습니다.

 굽힐 줄 아는 고집

만약 갈릴레오가 코페르니쿠스의 지동설을 찬성하는 것을 철회하라는 교황청의 명령에 불복하고 끝내 지동설만이 옳다고 주장했다면 어떻게 되었을까요? 그 당시 사회에서 갈릴레오는 교회를 무너뜨리는 이단으로 여겨져 큰 처벌을 받고 더 이상 연구를 계속하지 못했을 것입니다.

갈릴레오가 발견한 천문 현상 자체는 교리에 어긋나는 것은 아니었습니다. 가톨릭교회의 신학자나 수학자들 사이에서도 프톨레마이오스의 천동설이 항상 옳다고만 생각하지 않았기 때문이었습니다. 갈릴레오가 지동설이 옳다고만 하지 않는다면 교회는 갈릴레오를 처벌하지 않기로 하였습니다. 그래서 1616년에 당대 최고의 신학자인 벨라르미노 추기경은 갈릴레오에게 코페르니쿠스의 지동설을 옳다고 주장하지 마라고 압력을 가했습니다. 다행히도 갈릴레오는 그를 아끼는 여러 친구들이나 후원자들의 조언을 순순히 받아들였습니다. 그 후 여러 해 동안 갈릴레오는 지구가 태양 주위를 돈다고 공개적으로 주장하지 않았고 코페르니쿠스의 지동설을 공공연히 가르치고 옹호하는 것을 자제했습니다.

 자신이 좋아하는 일에 열정 쏟기

아버지가 갈릴레오가 의사가 되기를 바랐을 때 갈릴레오는 청소년이었습니다. 갈릴레오는 아버지의 권유대로 피사대학교의 의학부에 입학했습니다. 그러나 대학교에 가서야 자신이 좋아하는 분야인 수학을 알게 되고 그로부터 열정적으로 공부하고 생각하게 됩니다. 갈릴레오는 대학교에서 진자의 등시성 원리를 깨닫게 되는데, 이 원리는 내용이 어렵지도 않은데 수백 년이 지난 지금까지도 물리학에서는 매우 중요한 지식으로 여기고 있습니다. 갈릴레오는 대학을 그만 둔 후에도 자신의 공부법을 살려 공부에 열중합니다. 그 결과 석사, 박사

과정을 졸업하지 않고도 피사대학교와 파도바대학교의 교수가 됩니다. 물론 그 당시에도 대학교에는 석사, 박사 과정이 있었답니다.

갈릴레오는 후세대 사람들에게 자신이 좋아하는 일을 찾아서 열정을 쏟으면 누구든지 자신의 인생에서 성공할 수 있다는 것을 보여 준 위인입니다. 그리고 과학의 세계에서도 큰 공적을 쌓게 되었습니다. 어린이 여러분도 자신이 좋아하는 올바른 일을 찾기 바랍니다. 그 일을 누구보다도 즐겁고 열심히 한다면 자신의 인생을 멋지게 성공으로 이끌 수 있음을 갈릴레오가 말해 주고 있으니까요.

과학의 기초를 잡아주는 처음 과학동화 독후활동지
갈릴레오 아저씨네 비밀 천문대

구성 강승임 이을교육연구소 소장

과학의 기초를 잡아주는 처음 과학동화 독후활동지, 과학 학습에 어떤 도움이 될까?

〈처음 과학동화〉 시리즈는 과학 분야를 대표하는 위인들이 등장하여 그들이 연구한 과학적 지식을 재미있게 풀어 나가는 형식으로 꾸며져 있습니다. 동화를 재미있게 읽고 나서 독후활동지를 한 문제 한 문제 풀어가다 보면 과학 위인들의 대표 이론을 다시 한 번 되새기고 과학적 탐구심을 충족시킬 수 있을 것입니다. 또한 비판적인 글쓰기를 통해 자신의 생각을 올바르게 표현하는 방법도 익힐 수 있습니다.

〈과학의 기초를 잡아주는 처음 과학동화 독후활동지〉는
이렇게 구성돼요.

I. 과학 기초 지식 쌓기 동화 내용의 이해

동화 각 장의 소제목이기도 한 갈릴레오의 교훈을 점검해 보고, 동화 속에서 그 내용이 어떻게 적용되었는지 적어 보면서 과학 기초 지식을 쌓습니다.

II. 과학 창의력 기르기 이해와 비판

동화를 통해 익힌 과학적 지식을 친구들과 토론해 보고 글로 써 보며 생각을 넓히고, 동화 속에서 느낀 점을 자신의 경험과 맞물려 표현하는 능력을 키웁니다.

III. 과학자 연구 – 갈릴레오 갈릴레이

부록의 내용을 바탕으로 갈릴레오의 삶을 이해하고, 그의 삶에서 오는 교훈이 현대 사회에 어떤 도움이 되는지 적어 보며 논리적 사고를 키웁니다.

학부모 및 교사용 도움말

교과연계	
〈4학년 1학기 국어❹〉	9. 생각을 나누어요
	서로 다른 의견을 비교하며 자신의 생각과 느낌을 이야기할 수 있다.
〈5학년 1학기 국어㉮〉	1. 인물의 말과 행동
	생각의 근거를 마련하는 방법을 익혀 찬성하거나 반대하는 글을 쓸 수 있다.
〈5학년 1학기 과학〉	2. 태양계와 별
	알고 있는 과학 지식을 바탕으로 글을 쓸 수 있다.
〈6학년 1학기 과학〉	3. 렌즈의 이용
	알고 있는 과학 지식을 바탕으로 글을 쓸 수 있다.

I. 과학 기초 지식 쌓기 동화 내용의 이해

○ 교과연계 ○
〈5학년 1학기 과학〉
2. 태양계와 별

《갈릴레오 아저씨네 비밀 천문대》 본문에는 각 장마다 어린이 여러분께 전하고자 하는 갈릴레오의 교훈을 소제목으로도 적어 두었어요. 동화 내용을 다시 한 번 떠올려 보며 아래 질문들에 답해 보세요. 적는 동안 자연스럽게 어린이 여러분 마음속에도 과학 지식이 차곡차곡 쌓일 거예요.

1. '수학은 과학의 열쇠이자 문'이라는 말의 의미는 무엇인가요? 예를 들어 말해 보세요.

_____
_____
_____
_____
_____
_____
_____

2. 갈릴레오 아저씨가 발견한 진자 운동의 규칙을 설명해 보세요.

_____
_____
_____
_____
_____
_____
_____
_____

○ 교과연계 ○
⟨6학년 1학기 과학⟩
3. 렌즈의 이용

3. 새의 깃털이 쇠구슬보다 더 늦게 떨어지는 까닭은 무엇인가요?
   갈릴레오 아저씨가 피사의 탑 앞에서 중훈이와 덕대와 했던 실험을 통해
   알아보세요.

   _____
   _____
   _____
   _____
   _____
   _____
   _____

4. 망원경을 만들 때 이용하는 볼록 렌즈와 오목 렌즈를 비교해 보세요.

   _____
   _____
   _____
   _____
   _____
   _____
   _____

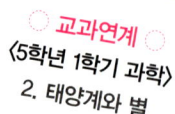

5. 천동설과 지동설은 각각 어떤 우주관인가요? 서로 비교해 보세요.

_____
_____
_____
_____
_____
_____
_____

6. 중훈이는 어떻게 지욱이를 찾았나요? 갈릴레오 아저씨가 어떤 도움이 되었는지도 써 보세요.

_____
_____
_____
_____
_____
_____
_____

교과연계
〈5학년 1학기 과학〉
2. 태양계와 별

7. 갈릴레오 아저씨가 세 아이에게 말해 준 천동설의 오류를 설명해 보세요.

8. 갈릴레오 아저씨가 관측을 통해 알아낸 태양의 특성을 말해 보세요.

II. 과학 창의력 기르기 이해와 비판

> 교과연계
> 〈4학년 1학기 국어㈏〉
> 9. 생각을 나누어요

앞에서 살펴본 동화 내용을 바탕으로 사고를 확장시켜 볼 거예요. 아래 문제들을 친구들과 함께 토론해 보세요. 나와는 다른 다양한 입장과 해결 방안이 있다는 걸 깨닫게 될 거예요. 또한 동화를 읽고 느낀 점을 자신의 경험과 연결하여 글로 써 보세요. 나를 더 잘 표현할 수 있는 좋은 연습이 될 거예요.

【과학 창의 토론】

1. 갈릴레오 아저씨는 오직 자신이 경험한 것만 믿는다고 했습니다. 이러한 태도에 대해 어떻게 생각하는지 토론해 보세요.

   _____
   _____
   _____
   _____
   _____
   _____

2. 지동설과 천동설의 충돌처럼 과학적 사실과 종교적인 신념 및 관습이 충돌했을 때 어느 쪽을 선택해야 한다고 생각하는지 의견을 나눠 보세요.

   _____
   _____
   _____
   _____
   _____
   _____
   _____

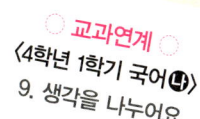

【과학 창의 논술】

1. 갈릴레오 아저씨는 사람들이 자기만의 렌즈로 세상을 본다고 말합니다. 이 말은 무슨 뜻일까요? 그리고 나는 어떤 렌즈로 세상을 보는지 구체적인 예를 들어 분석해 보세요.

2. 왕따나 학교 폭력 문제를 해결할 수 있는 공식을 자유롭게 생각해 보세요. 단계별로 생각해 보거나 해결하기 위한 조건 등을 생각해 보세요.

III. 과학자 연구 – 갈릴레오 갈릴레이

〈교과연계〉
〈5학년 1학기 국어 ㉮〉
1. 인물의 말과 행동

동화를 읽고 '갈릴레오 아저씨는 어떤 분일까?' 하는 궁금증이 생겼나요? 이제 부록에 소개된 갈릴레오 아저씨의 삶과 사상을 복습해 볼 거예요. 부록을 꼼꼼히 읽고 문제를 풀어 보세요.

1. 어린 시절 수도자가 꿈일 정도로 가톨릭 종교에 심취했던 갈릴레오는 어떤 계기로 수학에 관심을 갖게 되나요?

   _____
   _____
   _____
   _____
   _____
   _____
   _____

2. 갈릴레오의 대학 시절 별명은 '논쟁꾼'이라고 합니다. 왜 이런 별명이 생겼나요?

   _____
   _____
   _____
   _____
   _____
   _____
   _____
   _____
   _____

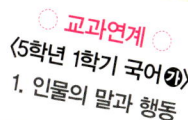

3. 더 성능이 좋은 천체 망원경의 발명으로 갈릴레오의 천문학 연구는 더욱 활기를 띱니다. 천체에 관하여 어떤 새로운 사실들을 알아냈는지 말해 보세요.

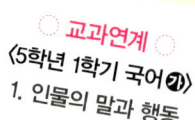

4. 목성의 위성 발견과 태양의 흑점 발견은 당시의 지배적인 우주관인 천동설을 반박하는 확실한 근거입니다. 어떤 점에서 그러한지 알아보세요.

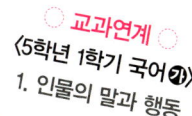

5. 갈릴레오는 지동설이 옳다고 확신했음에도 불구하고 종교 재판에 굴복하여 지동설을 포기하겠다고 선언합니다. 이에 대해 어떻게 생각하나요?

학부모 및 교사용 도움말

I. 과학 기초 지식 쌓기 동화 내용의 이해

1. '수학은 과학의 열쇠이자 문'이라는 말은, 공기, 땅, 물, 생물의 등 모든 자연과 물체의 원리 및 운동 등 과학적인 현상을 증명하거나 과학 문제를 해결하는 데 수학이 필수적이다는 뜻이다. 예를 들어 뒷동산에 오르기 위해 필요한 힘을 구할 때, 음식을 만드는 재료의 비율을 구할 때, 자동차를 타고 목적지에 도착하는 시간을 구할 때 등 수많은 과학적 문제에 수학 법칙 및 공식이 적용된다.

2. 갈릴레오 아저씨는 성당 천정을 올려다보다가 램프가 바람에 흔들려 왕복하는 시간이 항상 일정하다는 사실을 알아낸다. 이를 통해 진자 운동의 규칙을 발견한다. 진자 운동의 규칙은 줄의 길이와 상관없이 진자가 왕복하는 시간이 같다는 것, 이때 길이가 짧으면 속도가 빠르고 길이 길면 속도가 느리다는 것, 왕복 시간과 속도는 추의 무게나 줄의 두께와는 상관없다는 것 등이다. 곧 추를 매단 줄의 길이만 같다면 진폭이 크든 작든 진자가 1회 왕복하는 시간은 일정하다는 규칙이다.

3. 과학적으로는 가벼운 물체든 무거운 물체든 낙하 속도는 같다. 즉 똑같은 높이에서 두 물체를 떨어뜨리면 무게에 상관없이 동시에 떨어진다. 하지만 깃털과 쇠구슬을 함께 떨어뜨려 보면 쇠구슬이 먼저 떨어지고 깃털은 늦게 떨어진다. 그 이유는 공기와의 마찰력 때문이다. 마찰력은 두 물체가 접촉했을 때 상대 물체의 운동을 저지하는 힘인데, 깃털은 쇠구슬에 비해 공기와 접촉하는 표면적이 넓기 때문에 마찰력 또한 더 크다. 이 차이는 깃털과 쇠구슬을 각각 손에 들고 흔들어 보면 직접 느낄 수 있다. 깃털은 공기와의 마찰력 때문에 좌우로 쉽게 흔들리지 않고 날리 듯 약간 버겁게 흔들린다.

4. 망원경을 만들 때에는 대물렌즈와 접안렌즈가 필요하다. 대물렌즈는 물체를 마주하는 렌즈이고, 접안렌즈는 눈과 맞닿은 렌즈이다. 망원경에서 볼록 렌즈를 통해 들어온 물체의 빛은 초점으로 모이려고 하는데, 오목 렌즈가 있기 때문에 모이기 전에 그 빛이 다시 퍼진다. 볼록 렌즈는 사물을 크게 볼 수 있도록 해 주지만 볼 수 있는 범위가 작고, 오목 렌즈는 사물을 작게 보도록 하지만 볼 수 있는 범위가 넓다.

5. 천동설은 지구가 우주의 중심에 있다고 보고 태양을 비롯한 모든 천체가 지구 주위를 돈다고 믿었던 우주관이다. 반대로 지동설은 지구가 태양 주위를 돈다는 우주관이다.

6. 갈릴레오 아저씨와 중훈, 덕대는 지욱이가 있다고 표시되었던 코르시카 섬으로 가기 위해 배를 타고 가던 중 풍랑 때문에 부서진 작은 배를 보게 된다. 중훈이는 혹시 지욱이가 이 배를 탔던 게 아닌가 하고 살펴보지만 지욱이의 모습은 보이지 않는다. 그때 갈릴레오 아저씨가 '감각이 도움이 되지 않을 때에는 이성이 작동하기 시작하는 법'이라고 말하며 부서진 배의 조각과 바람의 방향을 통해 지욱이가 어디에 있는지 추론해 보도록 한다. 이에 중훈은 관찰 결과 동쪽에서 서쪽으로 바람이 분다는 걸 알게 된다. 이는 곧 지욱이가 살아 있다면 서쪽으로 떠내려가고 있다는 말이다. 중훈은 망원경으로 서쪽 바다를 살펴보다가 마침내 지욱이를 발견하고 구조해 낸다.

7. 천동설이 옳다고 가정하면 천체의 역행 현상과 금성의 위상 변화를 설명할 수 없다. 화성은 서쪽에서 동쪽으로 움직이다가 중간에 잠시 서쪽으로 이동하는 모습이 보인다. 이를 천동설에서는 행성이 작은 원을 그리면서 지구 주위를 돈다는 주전원 개념을 도입해 방어한다. 또 천동설대로라면 금성과 태양이 지구 주위를 돌기 때문에 금성에 반사된 태양 빛이 지구에서는 거의 보이지 않는다. 보인다 하더라도 반달 이하의 모양이다. 그러나 금성은 보름달에 가까운 모습으로도 변한다.

8. 태양은 완전하게 빛나지 않고 표면에 어둡게 보이는 흑점이 있다. 태양의 흑점은 다른 부분에 비해 온도가 낮다. 그리고 태양은 자전하며 스스로 빛을 낸다.

II. 과학 창의력 기르기 이해와 비판

【과학 창의 토론】

1. 갈릴레오 아저씨가 오직 자신이 경험한 것만 믿는다고 한 말은 과학 연구의 방법과 태도를 잘 보여 준다. 과학 연구는 실제 현상을 최대한 있는 그대로 관찰하고 객관적으로 측정하여 결론을 도출하는 것이다. 그랬을 때 편견이나 고정 관념, 기존의 잘못된 관습에서 벗어나 새롭고도 정확한 지식을 얻을 수 있다. 이런 점에서 과학적인 태도는 새로운 사실을 밝히고 창의적으로 문제를 해결하며 나아가 세상을 발전시키는 원동력이 된다. 하지만 인간이 모든 것을 경험할 수 없으며, 설령 무언가를 경험한다고 해도 그것으로부터 얻은 결론이 전부일 수는 없다. 만약

자기 경험만을 믿거나 과학적인 연구에 의해 밝혀진 사실만을 맹신한다면 타인의 경험이나 신비적인 현상들을 우습게 여기는 오만한 마음이 생길 수 있다. 이러한 태도는 자연 파괴, 생명 파괴로 이어질 수 있다. 예를 들어 나무에 정령이 있다고 믿었던 시절에는 숲을 함부로 없애는 일이 없었다. 나무의 정령은 우리가 실제로 경험할 수 없는 상상의 존재이지만 그 존재를 믿음으로써 나무에 대한 각별한 마음이 생겨 나무를 소중히 여길 수 있다.

2. 지동설과 천동설의 충돌은 과학과 종교 및 관습의 충돌을 매우 잘 보여 준다. 과학은 자연과 세상에 대한 객관적인 지식을 추구하기 때문에 관찰과 연구를 통해 증명된 사실이라면 아주 새로운 것이라 할지라도 받아들인다. 반면에 종교 및 관습은 일종의 신념, 곧 믿음이기 때문에 사실이 뭐가 되었든지 간에 신념 그 자체를 지키는 것을 가장 중요하게 여긴다. 그래서 과학계에서는 지동설을 받아들이게 되었고, 종교계에서는 천동설을 고수하며 서로 대립하고 갈등했던 것이다. 이때 무엇을 선택하느냐는 관점에 따라 다를 수 있다. 과학 지식은 기술과 문명을 발달시켜 인간의 삶을 더욱 풍요롭고 편리하게 해 준다. 이를 행복이라고 생각한다면 과학적 사실을 더 우선해야 한다고 주장할 수 있고, 존재 가치와 삶의 의미를 깨달아야 행복할 수 있다고 생각한다면 이에 근거가 되는 종교 및 관습적 신념과 가치를 선택해야 한다고 주장할 수 있다.

【과학 창의 논술】

1. 자기만의 렌즈로 세상을 본다는 것은 자신의 가치관과 신념, 관점, 입장에 따라 같은 현상도 각자 다르게 이해한다는 뜻이다. 예를 들어 동물원의 동물들을 보고, 모든 생명의 소중함을 가치관으로 삼고 있는 사람은 야생동물을 우리에 가둔 인간을 비판적으로 생각하고 그 비정함에 슬프기도 하고 화도 날 것이다. 반면에 인간 중심적인 가치관이거나 인간 입장에 있는 사람은 야생동물을 실제로 본다는 것에 큰 흥미를 느끼고 신기해할 것이다. 그리고 동물원이 있는 것을 긍정적으로 생각할 것이다. 컵에 물이 반쯤 들어 있는 것을 볼 때도 부정적인 관점을 지닌 사람은 물이 반밖에 없다고 생각할 것이고, 긍정적인 관점을 지닌 사람은 물이 반이나 있다고 생각할 수 있다. 이러한 예를 아이들과 함께 나누고 아이들은 어떤 가치관 및 관점 등을 지니고 있는지 자신을 돌아보고 글로 쓰도록 한다.

2. 책에서 갈릴레오 아저씨는 왕따 문제를 해결하려면 왕따를 시키는 이유와 당하는 이유 모두 알아야 한다고 말한다. 한편 학교에서는 보통 몇 가지 단계를 통해 해결한다. 먼저 이런 문제가 실제로 일어났는지 사실 조사를 한다. 반 아이들에게 익명으로 우리 반에 왕따가 있는지 없는지 쓰게 한다. 그 다음, 있다는 정황이 드러나면 선생님이 피해자와 가해자 아이들을 면

담한다. 이 면담을 통해 가해자가 잘못을 뉘우치고 서로 화해하며 해결되기도 하지만, 가해자가 부정을 하거나 피해자가 이를 받아들이지 못하면 학교폭력방지위원회 등으로 문제가 넘어가 더 철저한 조사를 하게 되고 심각한 경우 처벌을 하게 된다. 때론 경찰이 개입하기도 한다. 현재 학교에서는 이와 같은 단계별 공식을 적용하여 학교 폭력 문제를 해결하려고 한다. 다양한 차원에서 생각해 본다.

III. 과학자 연구 – 갈릴레오 갈릴레이

1. 갈릴레오는 어린 시절 수도원 부속 학교에서 교육받으며 가톨릭 종교에 심취해 수도자가 되려는 꿈을 키웠다. 그런데 갈릴레오가 부자가 되기를 바란 아버지의 권유로 대학에서 의학 공부를 시작했다. 하지만 갈릴레오는 막상 공부해 보니 의학보다 수학에 큰 흥미를 느끼게 되었고, 혼자 연구를 하여 진자 운동의 수학적 규칙을 발견했다. 이후 의학 공부를 그만두고 본격적으로 수학과 과학을 배웠다.

2. 갈릴레오는 비판적이고 자기주장이 강한 아버지의 영향으로 매우 합리적으로 비판하는 성격을 지니게 되었다. 이로 인해 대학 시절 동료 및 강사들과 토론하고 논쟁하는 걸 즐겼는데, 상대편들은 이를 탐탁지 않게 여겨 그를 '논쟁꾼'이라고 부르며 피했다. 교수가 된 뒤에도 이런 면은 줄어들지 않아 동료 교수들을 과거의 관습이나 사상에 얽매인다고 비판했다.

3. 갈릴레오는 기존 망원경의 성능을 향상시켜 다양한 천체를 관측했다. 그 결과 많은 새로운 사실들을 알아냈는데, 이는 당시 프톨레마이오스의 천동설을 반박하고 코페르니쿠스의 지동설을 뒷받침하는 근거가 되었다. 그는 목성 둘레를 도는 위성의 존재, 금성의 위상 변화, 달 표면의 형태, 토성의 고리, 태양의 흑점 등을 발견했다.

4. 위성이란 어떤 행성 주위를 도는 천체를 말한다. 당시 지배적인 우주관인 천동설에 따르면 지구가 우주의 중심에 있고 태양을 비롯한 다른 모든 천체들은 그 주위를 돈다고 보았다. 신이 특별히 선택한 지구 외에는 위성을 가질 수 없다고 생각했던 것이다. 그러나 갈릴레오가 목성의 위성을 발견함으로써 이러한 믿음이 잘못되었음을 밝혔고, 이는 천동설을 반박하는 중요한 근거가 되었다. 그리고 당대의 사람들은 신이 창조한 것은 흠 없이 완전하다고 믿었는데, 태양의 흑점 발견으로 이러한 믿음이 흔들렸다.

5. 갈릴레오는 두려움 없이 권위에 도전하여 많은 새로운 과학적 사실을 발견함으로써 과학 발

전에 크게 이바지했다. 그런데 그는 말년에 지동설을 포기하라는 교황청의 명령에 굴복하고 만다. 이에 대해서는 크게 두 가지 관점에서 평가할 수 있다. 먼저 권력에 굴복하여 자신이 옳다고 믿는 신념을 져버렸다는 점에서는 비굴한 선택이었다고 평가할 수 있다. 그의 굴복은 당시 지동설을 지지하는 젊은 학자들에게 큰 실망감을 안겨 주었을 것이다. 그러나 진리는 어떤 방해에도 결국 드러나게 된다는 관점에서 보면 갈릴레오 개인의 선택은 크게 중요하지 않을 수 있다. 그가 지동설을 포기하든 안 하든 지동설이 천동설보다 천체의 움직임을 더 정확히 설명하므로 끝내 지동설이 천동설을 밀어냈을 것이다. 그렇다면 갈릴레오는 한 과학자이자 개인으로서 자신의 생명과 연구 환경을 보장받는 것이 무엇보다 중요하다. 일단 살아야 새로운 연구를 할 수 있고 사람들과 만나며 자신이 발견한 것을 전해줄 수 있기 때문이다.

인성의 기초를 잡아주는
처음 인문학동화 전20권

독자가 증명하는 '어린이 인문학' 대표 베스트셀러!

이 시리즈는 철학, 문학, 예술 등 인문학 분야를 대표하는 인물이 어린이들의 이웃으로 나타나 고민을 함께 나누고 인문학적 지혜를 자연스럽게 일깨워 주는 동화이자 자기계발서입니다.

- 시리즈 누적 **26만 부** 이상 판매!
- 일본, 중국 **저작권 수출**
- 문화체육관광부 **우수교양도서**

01 공자 아저씨네 빵가게
02 마더 테레사 아줌마네 동물병원
03 소크라테스 아저씨네 축구단
04 피카소 아저씨네 과일가게
05 톨스토이 할아버지네 헌책방
06 정약용 아저씨의 책 읽는 밥상
07 아리스토텔레스 아저씨네 약국
08 셰익스피어 아저씨네 문구점
09 칸트 아저씨네 연극반
10 헤겔 아저씨네 희망복지관
11 미켈란젤로 아저씨네 공작실
12 김구 아저씨의 비밀의 집
13 내 친구 맹자의 마음 학교
14 플라톤 아저씨네 이데아 분식점
15 모차르트 아저씨네 연예 기획사
16 신사임당 아줌마네 고물상
17 니체 아저씨네 발레 교실
18 데카르트 아저씨네 마을 신문
19 장자 아저씨네 미용실
20 도스토예프스키 아저씨네 게스트하우스

김선희 외 글 | 강경수 외 그림 | 황희경 외 도움글 | 각권 170쪽 내외 | 각권 9,500원

과학의 기초를 잡아주는 처음 과학동화 ❾
갈릴레오 아저씨네 비밀 천문대

1판 1쇄 발행 | 2017. 3. 27.
1판 3쇄 발행 | 2019. 11. 11.

김용세 글 | 정진희 그림 | 박상우 감수

발행처 김영사 | **발행인** 고세규
편집 김효성 | **디자인** 유상현
등록번호 제 406-2003-036호
등록일자 1979. 5. 17.
주소 경기도 파주시 문발로 197(우10881)
전화 마케팅부 031-955-3100 | 편집부 031-955-3113~20 | 팩스 031-955-3111

© 2017 김용세, 정진희
이 책의 저작권은 저자에게 있습니다. 저자와 출판사의 허락 없이 내용의 일부를 인용하거나
발췌하는 것을 금합니다.

값은 표지에 있습니다.
ISBN 978-89-349-7709-4 74810
ISBN 978-89-349-7119-1(세트)

좋은 독자가 좋은 책을 만듭니다. 김영사는 독자 여러분의 의견에 항상 귀 기울이고 있습니다.
독자의견전화 031-955-3139 | 전자우편 book@gimmyoung.com | 홈페이지 www.gimmyoungjr.com
어린이들의 책놀이터 cafe.naver.com/gimmyoungjr | 드림365 cafe.naver.com/dreem365

이 도서의 국립중앙도서관 출판시도서목록(CIP)은 서지정보유통지원시스템 홈페이지(http://seoji.nl.go.kr)와
국가자료공동목록시스템(http://www.nl.go.kr/kolisnet)에서 이용하실 수 있습니다.
(CIP제어번호 : CIP2017006856)

어린이제품 안전특별법에 의한 표시사항
제품명 도서 제조년월일 2019년 11월 11일 제조사명 김영사 주소 10881 경기도 파주시 문발로 197
전화번호 031-955-3100 제조국명 대한민국 ⚠주의 책 모서리에 찍히거나 책장에 베이지 않게 조심하세요.